Chamuel Schauffert

Die zauberhafte Welt deiner Seelenheimat

Botschaften und Impulse der Seelensphären,
Avatare und Seraphim-Engel

Schirner
Verlag

ISBN 978-3-8434-1351-0

Chamuel Schauffert:
Die zauberhafte Welt
deiner Seelenheimat
Botschaften und Impulse der
Seelensphären, Avatare
und Seraphim-Engel
© 2018 Schirner Verlag,
Darmstadt

Cover & Umschlag: Silja Bernspitz &
Elena Lebsack, Schirner, unter Verwendung
eines Bildes von © Elisabeth Alena Dorninger
und Grafikelementen von © einklang media,
www.einklangmedia.de, sowie #69575776
(© Extezy) und #66689839 (© rodho),
www.shutterstock.com
Layout: Elena Lebsack, Schirner
Lektorat: Kerstin Noack, Schirner
Printed by: Ren Medien GmbH,
Germany

www.schirner.com

1. Auflage August 2018

Inhalt

Mein Weg zu den Seelensphären

Bis vor ein paar Jahren wusste ich nichts. Nichts über Engel, nichts über Seelensphären, Aufwachprozesse und kosmische oder göttliche Angelegenheiten. Was ich wusste, war, dass ich einen materiellen Körper besaß und meine Gedanken mal in und mal außerhalb der »Ummantelung« umherschwirrten. Ich betrachtete die Erde mit meinen menschlichen Augen und versuchte, meinen menschlichen Körper unter Kontrolle zu bringen. Gleichzeitig beobachtete ich die feinstofflichen Wesen um mich herum, die versuchten, mit mir zu kommunizieren.

Lustig fand ich damals, dass ich die Sprache der Wesen sofort verstand, während die Sprache meiner Eltern für mich oft unverständlich war. Das galt für verbale wie für nonverbale Kommunikation. Durch Beobachtung lernte ich dennoch zügig, ihre Sprache zu verstehen. Meine Eltern lehrten mich, mir irdische Verhaltensregeln anzueignen und diese zu befolgen. Ich spürte, was meine Eltern von mir erwarteten, was sie glücklich machte, und erforschte, bei welchem Verhalten ich ihre Aufmerksamkeit bekam oder sie wütend wurden. Ich beobachtete alles um mich herum, auch wenn ich nicht verstand, warum meine Eltern die Wesen im Raum komplett ignorierten, ja, sie nicht einmal ansahen.

Mit der Zeit gewöhnte ich mich daran, auf der Erde zu sein. Obwohl mir der Vorgang damals nicht bewusst war. Ich lernte, Mensch zu werden mit allen Gefühlen, Emotionen, Verwirrungen und Einschränkungen. Ich begann, mich zu verhalten, wie es von mir erwartet wurde. Ich wurde mehr und mehr menschlich – und das mit jedem Erdentag, der verging. UND ICH LERNTE, STILL ZU SEIN.

Nach kurzen Versuchen, mit meinen Eltern über die Wesen und den Kosmos zu sprechen, war eines klar: Sie sahen nichts. Ab sofort war meine Devise: Sei still, und ignoriere, was du siehst. Ich versuchte, nicht zu sehen. Ich versuchte, zu ignorieren – sowohl die Wesen als auch den Kosmos.

Die Wesen zogen sich ein wenig zurück, jedoch nicht ganz. Sie begannen, ihre Gespräche mit mir zu reduzieren. Stattdessen beobachteten sie mich aus der Ferne oder standen still und sprachen miteinander. Damals war ich drei Jahre alt.

Immer mehr versuchte ich, die feinstoffliche Ebene zu verleugnen und mich vollkommen auf das Menschsein zu konzentrieren. Ich gedieh, wuchs heran und ignorierte weiterhin alles, was nicht irdisch aussah. Ich versuchte mich in den verschiedensten Hobbys, die mir jedoch allesamt nach kurzer Zeit keine Freude mehr bereiteten. Ich wollte genau so sein wie alle anderen Menschen, was mir einfach nicht gelang. Ich war anders. Kinder und Erwachsene ließen mich das deutlich spüren, da ich nie in eine Gruppe integriert wurde. Meine Denkweise und mein Verhalten passten nicht ins übliche Konzept, was bedeutete, sie verstanden mich nicht. Allerdings verstand ich sie auch nicht.

Seitdem sind mehrere Jahrzehnte vergangen. Mein Erfahrungsschatz, meine Abenteuer, meine Niederlagen und meine Erfolge bilden meine irdische Historie, aus der ich heute schöpfe und meinen Weg bereite. Die Erfahrung, die ich als Kind machte, ist für mein heutiges Verständnis der spirituellen Bewusstwerdung wichtig.

Nachdem ich über längere Zeit meine geistigen Begleiter ignorierte und meine Tore zur geistigen Ebene, zu meiner sphärischen Heimat, zu meiner göttlichen Essenz schlicht und ergreifend links liegen ließ, änderte eine Begegnung alles.

Ich muss gestehen, ganz ignorieren konnte ich meine Verbindung zur Sphäre in der ganzen Zeit nicht. Keine Seele kann ihre geistigen Begleiter vollkommen abweisen. Die Tore zur feinstofflichen Ebene können wir ebenfalls nicht nach unseren Befindlichkeiten öffnen oder schließen. Dennoch hatte ich versucht, Visionen zu stoppen oder mich abzulenken, um sie erst gar nicht zu erhalten. Doch ganz gleich, was ich anstellte, der Kontakt ließ sich nicht löschen, und so begann ich, damit zu leben. Meine Bemühungen, sie komplett zu ignorieren, gab ich irgendwann auf, stattdessen begann ich, sie nach Belieben zu nutzen.

Mein Verständnis für Menschen versuchte ich weiterhin, zu erweitern, was mich dazu bewog, eine Ausbildung als Krankenschwester zu absolvieren. Der menschliche Körper übte eine ungemein starke Anziehung auf mich aus. Zudem war ich glücklich, anderen helfen zu können.

Heute weiß ich, dass ich ein Engel bin und daher ein Diener. Dienen ist ein wundervoller Akt der Schöpfung, und ich ging darin auf wie eine halb vertrocknete Blume, die endlich Wasser erhält.

Ich liebte meinen »irdischen Beruf«, und es fiel mir ungemein schwer, die Entscheidung zu treffen, ihn nicht mehr auszuüben. Es faszinierte mich, die unterschiedlichen Menschen zu fühlen und ihre Bedürfnisse im Voraus zu kennen. In dieser Zeit intensivierte ich meine Bemühungen, Menschen zu beobachten, und lernte, sie einzuordnen. Ich fühlte, dass manche Menschen das gleiche Energiefeld in sich trugen und gleich reagierten. Es faszinierte mich, zu beobachten, wie ich die Menschen in diese Energiefelder einteilen konnte und im Voraus wusste, wie sie reagieren würden. Was mir aus dieser Zeit jedoch am stärksten in Erinnerung geblieben ist, ist die Tatsache, dass in manchen Fällen keine Heilung möglich war. Das begriff ich weder damals, noch begreife ich es heute.

Ich sah, dass manche Menschen auf ein Medikament hervorragend ansprachen, und beim nächsten gab es nicht den Hauch einer Reaktion. Ich verstand nicht, dass weder die Ärzte noch das übrige Personal merkten, dass ein Medikament, je nachdem, wer es bekam, manchmal eine und ein anderes Mal keine Schwingungsänderung herbeiführte.

Heute weiß ich, dass Menschen, je nachdem, aus welcher Seelensphäre sie kommen, auf unterschiedliche Energien reagieren und dass daher nicht alle Medikamente oder Therapien für alle Menschen gleichermaßen geeignet sind. Damals stellte ich diesen Zusammenhang nicht her, da er mir nicht bewusst war. Ich wusste nur, dass manche Menschen sich gleich anfühlten und andere komplett verschieden. Warum, war mir ein Rätsel, das ich Gott sei Dank mittlerweile gelöst habe.

Ich lebte also als Krankenschwester so dahin, und in diesem Zuge führte mich mein Weg nach Davos in der Schweiz. Eine folgenschwere Entscheidung. In Davos kam es zu besagter Begegnung. Ich lernte durch eine Arbeitskollegin und Freundin Paul kennen, und damit begann der Prozess meiner Wandlung zurück zu mir selbst.

Durch Paul wurde ich auf das Buch »Autobiographie eines Yogi« von Yogananda und damit Babaji aufmerksam. DAS änderte mein spirituelles Bewusstsein im Handumdrehen. Fortan bestritt ich mein irdisches und spirituelles Leben mit Babaji. Ich redete mit ihm, lachte mit ihm und genoss es, ihn an meiner Seite zu wissen. Er manifestierte sich für mich, was ich außerordentlich aufregend fand, und er bereitete mich auf das vor, was Jahre später geschehen sollte.

Durch Babaji fand ich den Mut, mich wieder mit der feinstofflichen Sphäre auseinanderzusetzen. Ich begann, mich zu öffnen, und richtete meinen Fokus auf meine Entfaltung. Das war vor 30 Jahren. Das Thema »Spiritualität« war zu damaliger Zeit etwas für Spinner. Zumindest war das die Ansicht meiner Familie.

Ich fühlte mich wie zwei in einem. Der Spagat zwischen dem Irdischen und dem Sphärischen rüttelte an meinen Nerven, da ich ständig auf der Hut sein musste, zu wem ich was sagte. Mit der Zeit fand ich jedoch heraus, wie ich beides miteinander verbinden konnte, ohne absonderlich zu erscheinen. Bis zu dem Tag, an dem ich einen sehr schweren Autounfall erlebte, hatte ich viel Spaß mit Babaji. Ab dem Tag meines Unfalls war der Spaß vorbei. Ab diesem Zeitpunkt waren meine Tore zugleich offen als auch komplett geschlossen. Was meinen Kontakt zu Babaji betraf, der war nicht mehr vorhanden. Ich dachte nicht mehr an ihn. Mein spiritueller Lebenszeiger stand auf Neuanfang.

Ich nahm zwar mehr wahr, jedoch war die Kommunikation mit der Geistigen Welt auf dem Nullpunkt angelangt. Ich richtete meinen Blick auf meine menschliche Daseinsform und schloss die feinstoffliche Ebene aus meinem irdischen Leben aus. Ich erlebte immer wieder Situationen, in denen ich mit der feinstofflichen Sphäre in Kontakt kam, beispielsweise in Form einer Arbeitskollegin, die Karten legte, oder einer Ferienbekanntschaft, die sich gleichfalls mit Spiritualität beschäftigte. Wir führten wundervolle Gespräche, bei denen ich mich fühlen konnte. Doch blieb die Vereinigung von Feinstofflichem und Irdischem aus. Ich wollte nicht mehr.

Ein Hoffnungsschimmer war die Begegnung mit Carla. Diese Begegnung war ein wahrer Meilenstein in meinem Aufwachprozess. Als ich sie traf, war ich gerade frisch verheiratet, und mein Mann und ich wünschten uns sehnlichst ein Kind. Durch den Hochzeitstrubel waren meine Hormone etwas durcheinandergeraten, und ich dachte, ich sei schwanger.

Eines Morgens lag ich wach im Bett und hatte eine unbeschreiblich intensive Vision. Ich sah eine gigantische Kugel, die auf mich zurollte, und hörte eine männliche Stimme, die sprach: »Ich komme!« Mir war schlagartig bewusst, dass ich nicht schwanger sein konnte, es jedoch nicht mehr lange dauern würde. Ich wurde ich in den nachfolgenden zwei Monaten nicht schwanger, was zur Folge hatte, dass ich ungeduldig und unruhig wurde. Ich rief Carla an, und sie gab mir die Adresse von einem Seher.

Ich begab mich auf den Weg zum Seher, was eine sehr mystische Erfahrung für mich war. Bis dahin kannte ich niemanden, der die feinstoffliche Sphäre so wahrnahm wie ich. Also bestand die Möglichkeit, dass ich mir alles nur einbildete. Danach galt diese Option nicht mehr. Ich musste mich damit abfinden, dass die feinstoffliche Ebene Realität war. Der Seher teilte mir mit, dass ich ein Kind bekäme und mit diesem Kind mein steiniger Aufwachprozess beginnen würde. Beides traf zu. Das Kind und der steinige Aufwachprozess wurden irdische Realität.

Die Seele, die meinen Mann und mich als Eltern ausgesucht hatte, ließ sich noch mehrere Monate Zeit, doch dann endlich war es soweit. Ich teilte meinem Mann mit, dass mein Sohn unterwegs war. Er sah mich sehr seltsam an und meinte: »Was heißt, DEIN Sohn ist unterwegs? Das ist UNSER Sohn.«

Ich meinte: »Nein, dein Kind kommt später.«

Damals wusste ich noch nicht, warum ich das sagte, ich wusste nur, dass ich es genauso meinte. Von Anfang an hatte ich engen Kontakt zu dem Kind in mir. Es teilte mir mit, an welchem Tag und zu welcher Uhrzeit es das Licht der Welt zu erblicken gedachte. Und genauso war es. Ich darf gestehen, das war außerordentlich praktisch.

Unser Sohn war ein außergewöhnliches Kind. Er betrachtete von Anfang an jedes Wesen genau und entwickelte sich schnell. Er konnte mit zehn Monaten laufen, Krabbeln war nicht so sein Ding, und aß ab diesem Zeitpunkt am Tisch mit. Bereits mit zwei Jahren ließ er es sich nicht nehmen, unendliche Diskussionen mit mir zu führen. Wie ein Kind mit zwei Jahren bereits über einen solchen Wortschatz verfügen kann, ist mir noch heute ein Rätsel.

Wir hatten eine tiefe Beziehung zueinander und fühlten uns eng verbunden. Doch vom Aufwachprozess spürte ich nichts, ganz im Gegenteil. Zudem war es mir schleierhaft, wie er mich erwecken sollte. Der Alltag mit Kind, Beruf und Haushalt – genau in der Reihenfolge – nahm meine ganze Aufmerksamkeit in Anspruch. Zumal zwei Jahre später das Kind meines Mannes beschloss, auf der irdischen Bildfläche zu erscheinen.

Als ich schwanger wurde, sagte ich meinem Mann, dass sein Kind unterwegs sei. Er schaute mich an und meinte nur: »Fängst du jetzt schon wieder an?« Heute muss er selbst zugeben, dass es genau so ist.

Ich möchte anmerken, dass dies nichts mit unserer Liebe untereinander zu tun hat. Sie ist für alle Kinder gleich.

Mit der Geburt des zweiten Kindes rückten meine Ambitionen, spirituell aufzuwachen, in weite Ferne, bis zu dem Zeitpunkt, als unser Sohn sein zweites Kindergartenjahr absolvierte. In der Schweiz ist der Kindergarten der Schule angegliedert und im zweiten Jahr Pflicht.

Er bekam eine neue Betreuerin, die so gar nicht mit seiner Art zurechtkam. Sie zitierte uns in den Kindergarten, und der Horror begann. Unser Sohn überforderte sie in allen Bereichen. Er reagierte nicht, wie sie es erwartete, und das passte nicht in ihr Konzept. Beispielsweise konnte man unseren Sohn nicht manipulieren, er war unbestechlich. Er überlegte sich auch genau, welche Strategie nach Möglichkeit ohne Anstrengung zum Ziel führte. Wir hatten mit dem gesamten Kindergartengremium heftige Auseinandersetzungen, die darin endeten, dass ich beschloss, dass etwas geschehen musste. Das war eine nervenaufreibende Zeit, und ich wurde immer mehr zum Wrack, das von allen Menschen unglaublich genervt war. Die Spiritualität interessierte mich in dieser Zeit nicht, eher kam ich mir von ihr verraten vor.

Wie das Leben so spielt, traf ich Menschen, die mir halfen, mit der Situation zurechtzukommen. Ich begegnete einem Mann, der über Indigokinder sprach. Eine wahre Offenbarung für mich. Ich beschäftigte mich mit diesem Thema und verstand die Zusammenhänge. Dennoch ging es meinem Sohn nicht gut, denn er spürte, dass er einfach nicht ins Bild unseres Dorfes passte.

Und dann kam der Tag. Der Tag, an dem ich in die tiefsten Abgründe des Menschseins tauchte. Es war Morgen, und ich bat unseren Sohn, sich anzuziehen und in den Kindergarten zu gehen. Er sah mich an, stellte seinen Stuhl mitten in sein Zimmer, setzte sich und sagte: »Mama, ich gehe nicht mehr in den Kindergarten. Ich will wieder nach Hause. Ich will wieder dahin, wo ich hergekommen bin. Ich habe es mir auf der Erde anders vorgestellt.« Peng. Das saß – und zwar metertief.

Da ich Krankenschwester auf einer Notfallstation war, wusste ich, dass Kinder, die in naher Zukunft die Erde verlassen, genau so sprechen. Ich dachte, dass uns unser Sohn darauf vorbereitete, dass er bald seinen menschlichen Körper verlassen würde. Jetzt war Schluss damit, ein bisschen Spiritualität zu leben, jetzt begann ich, mich ernsthaft mit der feinstofflichen Ebene auseinanderzusetzen. Das war der Beginn meines wahrhaftigen spirituellen Aufwachprozesses.

Ab diesem Zeitpunkt gab es kein Zurück mehr, keine Ausreden und kein Ignorieren der Geistigen Welt. Es war der Beginn der absoluten Akzeptanz der feinstofflichen Ebene und des damit verbundenen Weges der Bewusstwerdung.

Ich fragte meinen Sohn, wie es denn dort aussehen würde, wo er herkam. Er meinte: »Mama, ich kann mich nicht mehr wirklich erinnern, jedoch gibt es keine Bäume und keine Häuser.«

Ich fand das extrem interessant und begann, mich mit den unterschiedlichen Energiefeldern auf der Erde zu beschäftigen. Ich erforschte die Existenz der zwölf Seelensphären.

Heute weiß ich, dass unser Sohn aus der Wal- und Delfin-Sphäre kommt. Ein Energiefeld, das vollkommen vom Wasserwesen umhüllt ist. Heute verstehe ich, warum er so ist, wie er ist, denn er bringt die Charaktereigenschaften seiner Seelensphäre mit auf die Erde. Wie JEDER Einzelne von uns. Das Wissen, woher wir kommen und welche Eigenschaften wir mitbringen, erleichtert uns das Leben auf der Erde.

Die Seelensphären – unsere Seelenheimat

Alles, was auf der Erde existiert, gleich, ob Mensch, Wasser, Baum, Tier oder Stein, hat seinen Ursprung im Universum, genauer gesagt in einer kosmischen Seelensphäre. Seelensphären sind gigantische Energiefelder im Kosmos, die autonom handeln und wirken. Zwölf unterschiedliche Seelensphären präsentieren sich auf der Erde und gestalten zusammen unser irdisches Dasein. Das bedeutet, alles, was du siehst, entspringt diesen zwölf Energiefeldern/Seelensphären.

Die unterschiedlichen Charaktereigenschaften der Seelensphären eröffnen dir ungeahnte Sichtweisen in deinem allumfassenden Bewusstsein. Die Erinnerung an deinen Ursprung im Universum bringt dir Heilung für deinen spirituellen Weg auf der Erde. Das Geschenk, als Mensch Spaß am und im Leben auf der Erde zu haben, ist eine tiefgründige Erfahrung und Bereicherung für dein allumfassendes Dasein. Raus aus der Eintönigkeit, rein ins göttliche, kreative SEIN.

Unser Universum besitzt zwölf mal zwölf Bewusstseinsstufen. Die Seelensphären oder Energiefelder existieren durchgehend von der ersten bis zur zwölften Dimension. Alle in diesem Buch aufgeführten Seelensphären haben bereits das Bewusstsein der fünften Dimension oder höher erreicht. Das bedeutet für dich, dass du bereits mindestens das Bewusstsein der fünften Dimension hast. Baue auf dieser Grundlage deine weitere Entwicklung auf. Du kannst deine Weisheit jederzeit leben.

Eine Seelensphäre sollte nicht mit dem Energiefeld der Erde verglichen werden. Sie ist vielmehr Spirit, und jede Seele ist mit allen Seelen verschmolzen. Kommst du beispielsweise aus Lemurien, so BIST du Lemurien! Ein Wechsel von einer Seelensphäre in eine andere ist nicht möglich.

Die Seelensphären verweilen nicht an einem bestimmten Punkt im Universum. Sie sind Spirit und breiten sich je nach Energie aus oder ziehen sich zusammen. Seelensphären sind lebendig und daher absolut flexibel. Du bist durch deinen Chakrenstrahl mit DEINER Seelensphäre verbunden, daher findest du nach einer Inkarnation immer in deine Seelensphäre zurück.

In den Seelensphären existieren die mannigfaltigsten Bewusstseinsformen. Nicht alle Seelen einer Seelensphäre zeigen sich auf der Erde. In ihnen sind außergewöhnliche und abstrakte göttliche Aspekte vorhanden. Alle Seinsformen wie Steine, Kristalle oder Tiere und Pflanzen, schlicht jede Seele, sind in den Seelensphären gleichgestellt.

Die Seelensphären sind zu Beginn unseres Universums entstanden. Jede Sphäre besitzt einen Grundcharakter. Die Wesen, die sich in der jeweiligen Sphäre zusammenfanden, trugen diesen Grundcharakter in sich. Eine mächtige Anziehungskraft verband sie miteinander, und gemeinsam erschufen sie ihre Seelensphäre. Ihre Ausdrucksform ist in der ersten wie in der zwölften Dimension stärker auf Spirit als auf Materie gerichtet.

Mit jeder Dimensionsstufe wird eine Seelensphäre leichter und durchlässiger. In der zwölften Dimension ist bereits das Alles und Nichts vorhanden. Es gibt in der zwölften Dimension kein Licht, und auch die Grenzen der einzelnen Seelensphären sind überwunden. Gleich, auf welcher Dimensionsstufe du jetzt lebst, du bist ausgehend von deiner Seelensphäre über die Silberschnur mit Gott und der Einheit verbunden.

Die Silberschnur, deine Verbindung zu Gott, ist wie eine Einbahnstraße. Reine göttliche Energie fließt zu dir, jedoch strömt nichts von dir in die Einheit zurück. Gott kann dich als Wesen wahrnehmen, jedoch deine universalen Handlungen nicht!

In den Seelensphären wird ein ausgesprochen intensives Miteinander gelebt. Keine Seele fühlt sich allein oder einsam. Die Seelensphären sind nicht mit Projekten wie der Erde zu verwechseln. Sie unterscheiden sich kolossal davon. Jedes Wesen einer Seelensphäre IST die Seelensphäre.

Die Erde ist ein Projekt, das zwölf Seelensphären gemeinsam führen, um die göttliche Vielfalt in der Materie zu erleben und zu erfahren.

Jeder Seelensphäre steht ein Avatar vor, der ihr auch angehört. Du kannst dich jederzeit mit einem oder allen Avataren verbinden und so die Intensität deiner Verbindung zu einer Seelensphäre verstärken.

Seelensphäre	Vorstehender Avatar
Lemurien	Zeus
Regenbogen-Sphäre	Faithemy
Feen- & Elfen-Sphäre	Malan Salah
Wal- & Delfin-Sphäre	Poseidon
Sirius	Sharon
Orion	Oronape
Plejaden	Aaron Shiro
Larimar	Alewar
Sun & Star	Sora
Zamarah	Laphron
Ansara	Tamura
Engel-Sphäre	Ampheniel

Im Laufe dieses Buches beschreibe ich jede einzelne Seelensphäre. Am Anfang jedes Kapitels erwähne ich, in welchem Gebiet und in welcher Zeit der Energiestrahl der Seelensphäre die Erde zum ersten Mal berührt hat. Hier ist die Energie der Seelensphäre besonders gut spürbar. Jedoch kannst du an allen Orten die Energie der unterschiedlichen Seelensphären wahrnehmen.

Die Avatare in diesem Buch werden dir vielleicht unbekannt erscheinen. Gegebenenfalls sind dir Zeus und Poseidon als Götter geläufig. Beide inkarnierten tatsächlich mehrere Male in der Zeit von Atlantis. Die meisten Seelensphären-Vorsteher vermeiden allerdings eine Inkarnation auf der Erde. Bisher waren ihre Energie und ihr Wirken auf der Erde nicht bekannt, doch der kosmische Rat hat beschlossen, dieses Wissen um die Seelensphären-Vorsteher bekannt zu geben. Hierdurch hat jede Seele auf der Erde die Möglichkeit, intensiveren Kontakt zu allen Seelensphären aufzunehmen und deren Energie für ihre Inkarnation zu nutzen.

Der Titel »Avatar« zeigt an, dass eine Seele das höchstmögliche Bewusstsein erreicht hat. Das bedeutet, sie hat ihren Aufwachprozess vervollkommnet und ist sich ihrer selbst vollkommen bewusst.

Die Bewusstseinsstufe der Avatare ist mit der Stufe der Seraphim-Engel gleichzusetzen. Ein Avatar wird zum Vorsteher einer Seelensphäre bestimmt. Das Amt besteht nicht auf »Lebzeiten«. Benötigt die Seelensphäre zur Weiterentwicklung eine andere Energie, wechselt der Vorsteher.

Die in diesem Buch dargestellten Seraphim-Engel sind dir wahrscheinlich als Erzengel bekannt. Seit 2012 jedoch sind die Seraphim-Engel befugt, der Erde mit ihrer wahren Kraft zu dienen. Die Kraft der Seraphim-Ebene ist die höchste Kraft, das höchste Bewusstsein, das ein Engel erreichen kann!

Die Seraphim-Engel übernehmen vielschichtige Aufgaben. Sowohl in der Engel-Sphäre in unserem Kosmos, unserem Universum, als auch in der Einheit, da sie zur Hälfte weiterhin in der Einheit verweilen. Die Seraphim-Engel streben aus einem tiefen inneren Bedürfnis heraus unweigerlich dahin, Gott in Vollkommenheit zu dienen. Daher ist es der Antrieb, der innere Motor, eines Seraphim-Engels, auch uns Menschen zu dienen und in allen Bereichen unseres Lebens zu unterstützen. Im Universum kommt den Seraphim-Engeln die Aufgabe zu, den göttlichen Willen in seiner absolut reinsten Liebesschwingung auf die Erde zu bringen.

Herausfordernd ist für die Seraphim-Engel dabei, dass sie im Universum nicht gegen den göttlichen Willen handeln können. Das bedeutet, der Seraphim-Engel kann dich nur dann vollkommen unterstützen, wenn dein Anliegen deiner Seelenaufgabe entspricht und nicht gegen ein göttlich-kosmisches Gesetz verstößt. Bitte prüfe daher stets deine Absichten.

Jede Seelensphäre wird von einem Seraphim-Engel begleitet. Der Seraphim stellt seine Energie zur Verfügung und hat eine beratende Funktion.

Die begleitenden Seraphim für die Seelensphären sind:

- Michael, Begleiter des Sirius
- Jophiel, Begleiter der Feen- & Elfen-Sphäre
- Chamuel, Begleiterin der Wal- & Delfin-Sphäre
- Gabriel, Begleiterin der Regenbogen-Sphäre
- Raphael, Begleiter von Lemurien
- Uriel, Begleiter des Orion
- Zadkiel, Begleiter der Plejaden
- Metatron, Begleiter von Larimar
- Sandalphon, Begleiter von Sun & Star
- Nathaniel, Begleiter von Zamarah
- Haniel, Begleiterin von Ansara
- Ampheniel, Begleiter der Engel-Sphäre

Wie mit feinstofflichen Energien arbeiten?

Seelensphären, Avatare und Seraphim dienen uns mit der universellen Spirit-Energie. Das bedeutet, dass irdische Themengebiete aus kosmisch-universeller Sichtweise betrachtet werden. Die Genauigkeit der Botschaften, die uns die Seelensphären-, Avatar- und Seraphim-Energien übermitteln, kann verblüffen, sofern man noch nicht auf andere Weise mit ihnen Kontakt hatte. Erhältst du Informationen durch die Botschaften, oder werden dir Begebenheiten bewusst, strömen diese aus den höher schwingenden Dimensionen unseres Universums zu dir. Versuche, für alle sichtbaren und vor allen Dingen unmöglichen Lösungen offen zu sein. Lasse dich ganz auf die Antwort(en) ein. Sollte dir die Lösung nicht auf Anhieb plausibel erscheinen oder nicht klar sein, was die Aussage beinhaltet, so vertraue, dass der Kosmos dir wohlgesonnen ist und nur dein Bestes will.

Die Seelensphären, Avatare und Seraphim-Engel lieben es, durch irdische Materie engeren sphärischen Kontakt mit dir zu pflegen. Betrachte es als natürlich, dass sie des Öfteren mit leicht widersprüchlichen Aussagen oder Antworten aufwarten. Das ist ihre Art, dich zu einer tiefer gehenden Betrachtung deines Selbst anzuregen. Hierdurch erfährst und erkennst du leichter die bedeutsame Weisheit, die sie dir auf liebevolle Weise zur Verfügung stellen. Die Seelensphären, Avatare und Seraphim-Engel unterstützen dich darin, irdische Situationen, die dir unklar sind, sphärisch zu entwirren und danach eindeutiger wahrzunehmen. Die für dich optimalen Lösungen oder zu treffenden Entscheidungen werden offensichtlicher.

Mithilfe ihrer Botschaften übermitteln sie dir Informationen über deine nahe Zukunft. Zudem werden sphärische Blockaden, die dich davon abhalten, zufrieden und erfüllt deine Inkarnation zu erleben oder deinen irdischen Auftrag oder deine Lebensaufgabe zu erfüllen, Schritt für Schritt gewandelt. Die Seelensphären, Avatare und Seraphim-Engel sind allzeit bestrebt, ihre Energie auf ein für dich positives Resultat zu richten.

JEDOCH: Keine feinstoffliche Energieform wird dir deine Entscheidungen und Handlungen abnehmen. Des Weiteren werden sie für dich und dein Leben keine Verantwortung übernehmen. DIESE TRÄGST DU FÜR DICH IN ABSOLUTER EIGENVERANTWORTUNG!

Es ist der gesamten Schöpfung im Universum wichtig, dass jedes Wesen lernt, seine Entscheidungen und die daraus entstehende Verantwortung in Gänze zu tragen! Dass jedes Wesen in SEINE EIGENE MEISTERSCHAFT GEHT.

Bitte denke daran, dass du der Schöpfer deines Lebens bist! Du kannst dein Leben jederzeit nach deinen Vorstellungen gestalten.

Es gibt Situationen, in denen dir die Botschaften der Seelensphären, Avatare und Seraphim-Engel vielleicht nicht munden. Eventuell fühlst du dich von ihrer Antwort überrumpelt. In solchen Situationen ist es gut, sich daran zu erinnern: Du bist auf der Erde, um zu lernen, zu erfahren und dir selbst und anderen zu dienen. Die Seelensphären, Avatare und Seraphim-Engel werden hierfür neue Lernerfahrungen und Situationen in dein Leben bringen.

Meistens entstehen irdische Themen in den höheren Sphären und nehmen ungebremsten Einfluss auf unser irdisches Dasein. Durch dein Menschsein intensivierst du das Thema auf ein ungeahntes sphärisches Niveau. Irdische Gefühle und Handlungsweisen werden aus kosmischer Sicht anders, sofern überhaupt, wahrgenommen. Die Seelensphären und auch die Seraphim-Engel richten ihren Blick auf den Ursprung, damit die Essenz eines Themas klar erkannt wird. Durch Gefühle wie Neid, Wut, Eifersucht und Stolz sabotierst du die Lösungen. Erhältst du eine Botschaft, dann betrachte sie unter dem Aspekt: Du wirst geliebt und nicht bewertet.

Die Seelensphären, Avatare und Seraphim-Engel zeigen dir lediglich auf: »Schau genau hin, und erkenne, was sichtbar wird.« Danach überlassen sie es dir, ob du daraus lernst und diese Information zu deinem Wohle einsetzt. Deine anschließenden Handlungen werden ebenfalls nicht bewertet. Wähle deinen Weg in absoluter Freiheit.

Ein Beispiel: Eines Tages dachte ich, ich muss wieder einmal eingreifen und für meine Freundin mal schnell im Vorbeigehen etwas erledigen. Ich wusste, dass sie noch einkaufen wollte und die Zeit sehr knapp war. Ich habe ein klit-zekleines Helfersyndrom, also kaufte ich die Dinge ein, von denen ich dachte, dass sie sie benötigen würde. Freudestrahlend kam ich bei ihr an und präsen-tierte ihr meinen Einkauf. Entgegen meiner Erwartung war sie jedoch nicht erfreut, sondern ganz im Gegenteil ziemlich sauer auf mich. Denn sie hatte bereits eingekauft. Sie hielt mir einen langen Vortrag darüber, dass sie bereits erwachsen sei und sich selbst organisieren könnte. Ich war fassungslos, war meine Absicht doch liebevoll und hilfsbereit gewesen. Ich fühlte mich unver-standen und fand die Reaktion meiner Freundin unangebracht. Und noch vielmehr fand ich sie undankbar und wurde nun meinerseits unlocker und ziemlich bockig. »Dann halt nicht«, dachte ich.

In diesem Augenblick meldete sich Michael und schaute mich an. Er mein-te: »Chamuel, warum reagierst du auf diese Weise? Hilft dir das? Findest du nicht, dass du zuerst hättest besprechen müssen, ob sie noch etwas benötigt? Komm jetzt aus der Opferrolle wieder raus, und genieße den Tag!« Ich fühl-te mich von Michael nicht ertappt oder gemaßregelt, er zeigte mir lediglich auf, dass jeder Mensch ein Recht auf Eigenständigkeit hat und ich es zwar gut gemeint hatte, jedoch über das Ziel hinausgeschossen war. Ich ging zu meiner Freundin und entschuldigte mich, was sie sofort auch tat. Wir hatten anschließend einen lustigen und erfreulichen Tag.

Um mit den Energien der Seelensphären, Avatare und Seraphim-Engel zu arbeiten, ist es nicht erforderlich, eine bestimmte Umgebung aufzusuchen. Die Seelensphären, Avatare und Seraphim sind allzeit für dich abrufbar. Die Tageszeit ist ebenfalls nicht relevant. Alles, was es braucht, ist deine Freude und deine Abenteuerlust. Wichtig wäre dennoch ein ruhiger, dir angenehmer Ort, und schon kannst du anfangen. Das ist alles. Nur deine liebevolle Absicht zählt.

Jedoch … falls du Rituale liebst und dich mit ihnen wohlfühlst, führe sie durch. ES IST ALLES ERLAUBT, was dir angenehm ist und dir einen guten Kontakt zu den Seelensphären, Avataren und Seraphim ermöglicht.

Die Botschaften, Übungen und Mediationen in diesem Buch sind dazu gedacht, dich intensiver mit den Energien zu verbinden. Die jeweilige Seelensphäre, der Avatar oder Seraphim-Engel kann dir mit ihrer/seiner Stärke, Weisheit und seinen/ihren Fähigkeiten tief greifende Unterstützung zukommen lassen.

Beachte, dass du z. B. die Meditation nicht exakt nach Vorschrift durchführen musst. Lasse deine Gedanken ziehen, und beobachte, was geschieht. Die entsprechende Energie wird dich begleiten.

Allgemeine Tipps zur Kontaktaufnahme mit den Seelensphären, Avataren und Seraphim-Engeln

In den folgenden Tipps spreche ich ausschließlich von den Seelensphären. Aber natürlich gilt jeder Tipp und jede Übung gleichfalls für die Avatare und Seraphim-Engel.

Welche Umgebung ist die richtige?
Prinzipiell spielt die Umgebung keine große Rolle. Eine für dich angenehme Umgebung fördert jedoch die Kontaktaufnahme. Eine feinfühlige Wahrnehmung, die wichtig ist, um mit den Seelensphären in Kontakt zu kommen, eröffnet sich leichter bei Wohlbefinden.

Welche Position und welche körperliche Verfassung sind für die Kontaktaufnahme am besten geeignet?
Eine bequeme und sichere Position ist vorteilhaft. Die Intensität der Wahrnehmung ist unabhängig von deiner Position. Liegen, Sitzen, Stehen … erlaubt ist, was dir behagt. Für eine leichtere Konzentration ist es gut, Hunger oder Durst vor der Kontaktaufnahme zu stillen. Eine leichte Nahrung ist hier sicher optimal, jedoch nicht zwingend.

Welche emotionale Verfassung ist für den Kontakt vorteilhaft?
Bei emotionaler Schieflage erscheint eine Kontaktaufnahme mühevoll. Versuche beruhigende Atemübungen. Fühlst du dich ausgewogener, dann beginne die Kontaktaufnahme.

Hier eine kleine Übung für mehr Ausgeglichenheit: Hebe eine Hand mit der Innenfläche zu dir zeigend über deinen Kopf, und führe sie langsam und behutsam bis zu deinem Wurzelchakra. Wiederhole dies so oft, bis sich das Gefühl der Ruhe einstellt.

Jedes Wesen nimmt die geistige Sphäre auf seine eigene Art wahr. Das gilt ebenso für die Seelensphären. Eine Kontaktaufnahme zu den Seelensphären ist jederzeit und überall möglich. Die Verbindung zu einer Seelensphäre wird aufgebaut, sobald du sie laut aussprichst oder auch nur an sie denkst. Das Energiefeld besteht so lange, wie du wünschst.

Die Seelensphäre entscheidet, was du am dringendsten benötigst, und wird dementsprechend Kontakt mit dir aufnehmen und/oder mit dir arbeiten. Vertraue, und gib dich hin. Je länger du mit den Seelensphären arbeitest, desto leichter wird es dir fallen, ihre Sprache zu verstehen.

Die folgenden kurzen Übungen werden dich intensiver mit der Energie der Seelensphären, Avatare und Seraphim-Engel verbinden. Bei stetigem Ausüben kann es geschehen, dass sie persönlichen Kontakt zu dir aufnehmen. Bei regelmäßiger Anwendung ist eine Verbesserung deines Lebensgefühls und Wohlbefindens deutlich spürbar.

Ich wünsche dir mit allen Tipps und Übungen viel Erfolg und unendliche Freude.

Botschaften empfangen

Verbindest du dich mit einem Wesen aus einer Seelensphäre, besteht die Möglichkeit, eine Botschaft zu erhalten. Halte einen Stift und Papier griffbereit. Öffne deine Sinne, und empfange. Mit Übung und Geduld wirst du tief bewegende und bezaubernde Erfahrungen erleben.

Den Lichtwesen aus den Seelensphären Fragen stellen

Verbinde dich mit der Sphäre. Bitte ein Lichtwesen aus der Sphäre, dir einen spürbaren Impuls zu senden. Konzentriere dich auf die Fragen, und bleibe für alle Möglichkeiten offen. Diese Technik benötigt Geduld und Hingabe. Mit der Zeit lernst du, feine Energieströme wahrzunehmen.

Energieübertragung der Seelensphäre

Verbinde dich mit der Sphäre. Bitte die Sphäre, dir ihre Energie zuzuführen. Sobald du aufgefüllt bist, bedanke dich bei ihr. Eine Trennung der Verbindung ist nicht vonnöten. Das geschieht von allein.

Heilenergie aus den Seelensphären erhalten

Jede Seelensphäre besitzt Heilenergien. Wähle die Sphäre, die dich am meisten anspricht. Arbeitest du mit einer bestimmten Energie, beispielsweise Kristallen, verbinde dich direkt mit ihnen. FOLGE IMMER DEINER INTUITION!

Heilenergie für Tiere erbitten

Benötigt ein Tier Heilung, verbinde dich in Gedanken mit der Seelensphäre deiner Wahl, und konzentriere dich auf das entsprechende Tier. Stelle dir vor, wie ein Energiestrahl der Seelensphäre das Tier berührt.

Allgemein gilt: Jedes Lichtwesen, jeder Engel und jede Sphäre wird deine Arbeit unterstützen. Allerdings werden sie sie nicht für dich erledigen.

DIE
SEELENSPHÄREN

Lemurien-Sphäre

Seelensphäre:	Lemurien
Begleitender Engel:	Seraphim Raphael
Vorsteher:	Avatar Zeus
Bekannter Avatar:	Lord Saint Germain
Erste Manifestation:	vor 6–4,5 Milliarden Jahren
Ort der Manifestation:	Tibet, Hawaii
Unterste Dimension:	6. Dimension, 1. Ebene
Weitere Seelengruppen:	Kristalle und Gesteine

Allgemeines

Lemurien ist vorwiegend für seine kosmischen Heiltempel bekannt. Zumeist haben diese die Form einer Pyramide, jedoch erwählt jede Wesenheit ihre Lieblingsform, die anschließend zur Heilung des Wesens erschaffen wird. Lemurien errichtet im Universum kristalline Heiltempel, die von allen genutzt werden können. Alle Seelen, die in der Sphäre beheimatet sind, tragen den goldenen Funken der göttlichen Heilung in sich. Die Wesen in Lemurien besitzen einen starken Charakter, der es ihnen ermöglicht, direkt ihre Meinung zu vertreten, ohne Umschweife zu handeln und klar Position zu beziehen.

Jegliche Heilenergie in unserem Universum strömt aus der Seelensphäre Lemurien. Lemurien ist göttliche Heilung! Alle Gesteinsarten sowie Kristalle leben in dieser Energie. Eine der lemurianischen Aufgaben ist es, die Kristalle zu hegen und zu pflegen.

Kehren wir von einer Inkarnation in die feinstoffliche Welt zurück, so ist es nicht möglich, irdisches Gedankengut oder Erinnerung in unsere Seelenheimat mitzunehmen. In der lemurischen Sphäre findet eine Wandlung derer statt.

Allgemeine Botschaft
Lemurien schenkt dir Besonnenheit, kosmisches Heilwissen, wundervolle Kristallkraft und Ruhe.

Energieform und Charakteristika der Sphäre
Mitgefühl | Liebe in der Gemeinschaft leben | Wissen um seinen Platz in der Gesellschaft | göttliches Vertrauen | Gesundheit | Heilklänge | Heilkristalle | Steinenergie

Wirkt unterstützend bei …
geistigen und körperlichen Krankheitsbildern | Flatterhaftigkeit | zwanghaftem Lügen | dem Gefühl, auf der Erde verloren zu sein | Negativität | Süchten | Panikattacken | Zerstörungswut | Rechthaberei | Geltungssucht | Disharmonie im Sein

Besondere Unterstützung in folgenden Berufen/Berufsfeldern
Lehrer, Architekt für Hoch- und Tiefbau, medizinische Forschung, Sanitäter, Pflegeberufe, Physiotherapeut, Apotheker, Feuerwehr, Priester, Büroangestellter, Verwaltung und Organisation, Streetworker, Verkäufer, Geologe, Heilpraktiker, Steinmetz, Bergführer

Themen der Lemurien-Sphäre

Heilung

Schließen wir eine irdische Inkarnation ab und benötigen wir sphärische Heilung, dürfen alle Lichtwesen Lemurien zur Heilung nutzen. Viele unserer irdischen Mediziner/Ärzte und medialen Heiler sowie medizinischen Therapeuten kommen aus dieser Seelensphäre.

Botschaft für DICH
Lemurien stellt dir die universelle Heilkraft zur Verfügung. Du kannst sie für Menschen, Tiere, Pflanzen und Mineralien nutzen.

Führung

Lemurien war oder besser ist noch immer die treibende Kraft beim Erden-Projekt. Im kosmischen Rat der Erde haben Lemurianer eine führende Rolle inne. Lemurien ist die am häufigsten vertretene Seelensphäre auf Erden. Auf der Erde sind Lemurianer deshalb oft in einer hohen Position oder in Führungsetagen zu finden. Dies kann sowohl in der Regierung wie auch in der Privatwirtschaft oder auch als spiritueller Lehrer sein. Lemurianer haben gern das Sagen und sind, sofern sie nicht der irdischen Illusion erliegen, wundervolle Führungskräfte.

Botschaft für DICH
Die Energie von Lemurien begleitet dich, damit du in allen Bereichen Verantwortung übernehmen und Entscheidungen sicher treffen kannst. Willst du eine Führungsrolle übernehmen, wird Lemurien dich darin unterstützen, und du erhältst die Kraft, deine Aura zum Schutz aller auszudehnen. Zudem lässt Lemurien die Energie der Voraussicht in dich einfließen. Sie wird dich mit ihrer Weisheit in deinem Beruf unterstützen. Das Gleiche gilt, solltest du auf der Erde eine Heiltätigkeit ausüben.

Übungsimpulse und -hinweise zur Kontaktaufnahme mit der Lemurien-Sphäre

- Verbinde dich geistig mit dem Namen »Lemurien«, oder meditiere mit der Energie.
- Lege einen Stein deiner Wahl auf dein Herzchakra, und sprich Worte, die dir wichtig sind.
- Lege einen Kristall auf dein Drittes Auge, und denke an Heilung.
- Kommuniziere mit dem Vorsteher Zeus oder mit Seraphim Raphael.
- Bilde einen Stein- und/oder Kristallkreis (im Haus oder im Freien), und setze oder stelle dich hinein.
- Gehe im Freien barfuß auf natürlichen Wegen aus Stein(en) spazieren.
- Setze/lege dich in der freien Natur auf einen Felsen.
- Arbeitest du mit einem lemurianischen Team an einem Thema, dann achte genau auf Hinweise. Durch ihr erhöhtes Bewusstsein bieten sie dir die Möglichkeit, auf der Erde viele Wunden und Verletzungen sanft zu heilen.
- Fühlst du dich einmal müde, so stelle dir einen kraftspendenden Heiltrank aus Lemurien vor. Trinke diesen in Gedanken.
- Übst du eine Lehrtätigkeit aus, verbinde dich mit einem Lemurianer. Er wird dich mit seiner Weisheit in deinem Beruf unterstützen. Dasselbe gilt, solltest du auf der Erde eine Heiltätigkeit ausüben.

Die Übungen werden dich intensiver mit der lemurianischen Energie verbinden. Bei regelmäßiger Anwendung ist eine Verbesserung deines Lebensgefühls und Wohlbefindens deutlich spürbar. Bei stetigem Ausüben kann es geschehen, dass ein Heilpriester oder eine Heilpriesterin aus Lemurien persönlich Kontakt zu dir aufnimmt.

Meditation: Lemurien-Sphäre

Lege dich bequem auf eine dir angenehme Unterlage. Atme ein und aus, bis sich dein ganzer Körper in harmonischem Einklang mit deinem Atem bewegt. In diesem Augenblick nimmst du wahr, wie deine geistigen Sinne in dir erwachen, und richtest deinen Blick nach innen. Seraphim Raphael ist bei dir, an deiner Seite. Er erklärt dir, dass er dir das Geschenk einer Astralreise nach Lemurien macht. Seraphim Raphael hebt in diesem Augenblick deinen Astralkörper aus deinem menschlichen Körper und erhöht die Schwingung behutsam. Eure gemeinsame Astralreise nach Lemurien hat begonnen.

Deine inneren Sinne nehmen eine veränderte Schwingung wahr, und Seraphim Raphael erklärt dir, dass ihr im Energiefeld von Lemurien angekommen seid. Er bittet dich, deine Astralaugen langsam zu öffnen. Behutsam beginnst du, die Umgebung zu betrachten. Ein zauberhafter Kristallweg eröffnet sich vor euch. In der Ferne kannst du die Umrisse eines Heiltempels erkennen. Gemeinsam begebt ihr euch auf den zauberhaften Kristallweg.

In diesem Augenblick seid ihr am Eingangstor des Heiltempels angekommen. Zwei Heilpriesterinnen und zwei Heilpriester erwarten dich am Eingang zum Heiltempel. Sie öffnen das Eingangstor des Tempels weit und bitten dich und Seraphim Raphael hinein. Dein Blick wandert staunend durch den Tempel. Farbenprächtige, wunderschöne Kristalle lassen ihre machtvolle Heilenergie in diesem erstrahlen. Alles um dich herum leuchtet und glitzert in Farben, die überwältigend sind. Die Heilkristalle lassen dich ihre Bereitschaft fühlen, dich in deiner Heilung zu unterstützen. Vor dir erscheint ein bezaubernder Raum, in dem ein wunderschönes Kristallwasserbecken eingelassen ist. Deine Heilpriesterinnen, Heilpriester und Seraphim Raphael geleiten dich zum Kristallwasserbecken. Die Heilpriesterinnen nehmen deine Hände und stehen mit dir am Rand des Beckens.

Das Kristallwasser ist weich und warm, und du gleitest vorsichtig hinein. Das Wasser umhüllt geschmeidig deinen gesamten Astralkörper. Du spürst augenblicklich die innere Reinigung. Das Kristallwasser durchflutet jede Pore deines Astralkörpers und löst alle Verunreinigungen. Du fühlst dich freier und leichter. Deine Zellen und das Wasser in deinem Körper sind neu auf Gesundheit programmiert.

Die Wasserkristalle umspielen dich mit Lebensfreude. Seraphim Raphael, der lachend am Beckenrand steht, gibt dir zu verstehen, dass es Zeit ist, aus dem Kristallwasser zu steigen. Freudig und voller Elan steigst du aus dem Becken.

Die Heilpriesterinnen und Heilpriester hüllen deinen Astralkörper in ein weiches Kristalltuch ein und übertragen die Kraft der Kristalle in deinen Körper. Seraphim Raphael gibt dir zu verstehen, dass die Zeit des Abschieds von Lemurien gekommen ist. Er breitet seine weichen Flügel um dich, und du fühlst dich umhüllt und getragen. Seraphim Raphael fängt an, die Schwingung von Lemurien langsam zu verringern und deine Schwingung der Erdschwingung anzugleichen. In diesem Augenblick seid ihr ins irdische Schwingungsfeld eingetaucht. Seraphim Raphael legt deinen Astralkörper vollständig in deinen menschlichen Körper zurück. Sie verschmelzen perfekt miteinander. Du fühlst dich vollkommen glücklich und friedlich. Du weißt, dass du die Harmonisierung, die du in Lemurien erfahren durftest, in deinen menschlichen Körper einbinden wirst. Ein tiefes Gefühl der Freiheit breitet sich von deinem Herzchakra aus in deinem gesamten Körper aus.

Seraphim Raphael verabschiedet sich von dir. Lasse dir Zeit, genieße deine Gefühle, und nimm dein Umfeld aus einem neuen Blickwinkel wahr.

Regenbogen-Sphäre

Seelensphäre:	Regenbogen
Begleitender Engel:	Seraphim Gabriel
Erste Manifestation:	vor 4–3,5 Milliarden Jahren
Bekannter Avatar:	Lord Salomon, Lady Harmonia
Vorsteher:	Avatar Faithemy
Ort der Manifestation:	5. Dimension, 4. Ebene
Unterste Dimension:	Amazonas
Weitere Seelengruppen:	Bäume, Sträucher, Nebel, Tierwesen, Einhörner

Allgemein

In der Regenbogen-Sphäre ist die Fauna (Tierwelt) und Flora (Pflanzenwelt) beheimatet. Alle Säugetiere, die an Land leben, inkarnieren aus diesem Energiefeld in das irdische Matrixfeld. Hierzu gehört beispielsweise das Einhorn. Es hat in der Regenbogen-Sphäre eine herausragende Stellung. Es ist das einzige Tierwesen, das die zwölfte Dimension vollkommen durchlaufen hat. Auch Elben, Zwerge, Gnome, alle Baum- und Nebelwesen sind Seelen, die in der Regenbogen-Sphäre beheimatet sind. Sehr viel Liebeskraft fließt aus dieser Sphäre in unsere menschlichen Körper. Hierdurch können wir unsere sanfte Art entfalten, wobei wir durch die Natur einen sättigenden Energiefluss erfahren. In besonderem Maß wird in der Regenbogen-Sphäre auf das allgegenwärtige Miteinander geachtet. Alles ist gleichwertig und achtenswert!

Allgemeine Botschaft

Die Regenbogen-Sphäre schenkt dir aktive Bewusstwerdung und Erhabenheit. Du erhältst ein besseres Verständnis für alle Tiere. Zudem nimmt die Natur zu dir Kontakt auf, und du erlebst eine tiefgründige Bewusstseinsentfaltung.

Energieform und Charakteristika der Sphäre

innige Verbindung zur Natur, zu Tieren und Naturgeistern | Verantwortung | sanfte Ausgelassenheit | Liebe in sich erkennen | Akzeptanz gegenüber allen Wesenheiten | einhüllend | Achtsamkeit | Farbenpracht | Geduld | Umweltbewusstsein

Wirkt unterstützend bei …

Trübsal | fehlender Wertschätzung für das Leben | innerer Enge | Abneigung gegenüber Tieren oder der Natur | Lernschwierigkeiten | Hass | Konkurrenzdenken | Lieblosigkeit | Allergien | verbal-aggressivem Verhalten | psychischer und physischer Überforderung| Geltungssucht | Mangeldenken | Beziehungsproblemen

Unterstützt folgende Berufe/Berufsfelder im Besonderen

Tierpfleger, Tierarzt, Tierschützer, Möbeldesigner, Abenteurer, Zoologe, Förster, Bankwesen, Lehrer, Erzieher, Gärtner, Architekt, Naturforscher, Forstwirt, Hufschmied, Reisebegleiter, Schreiner, Tier- und Naturschutz

Themen der Regenbogen-Sphäre

Krafttiere

In der Regenbogen-Sphäre ist die Fauna und Flora beheimatet. Die Artenvielfalt ist beeindruckend.

Botschaft für DICH

Baumwesen tragen in sich große Stabilität, die sie dir gern schenken. Zudem streben sie nach oben, was bedeutet, sie schenken dir Mut, höhere Ziele anzuvisieren. Alle Säugetiere stellen dir ihre ganz persönliche Kraft zur Verfügung. Entscheide selbst, welches Tier dich begleiten darf. Besonders das Einhorn dient dir gern mit seiner liebevollen Kraft.

Fülle und Ebenbürtigkeit

Durch den bunten Reichtum an Wesenheiten ist die Regenbogen-Sphäre eine der abwechslungsreichsten Seelensphären. Alles entfaltet sich in verschwenderischer Fülle. Beeindruckend ist, wie gleichwertig und überaus achtsam alle Wesen in der Regenbogen-Sphäre miteinander umgehen.

Botschaft für DICH

Sei bereit, deine unendliche Kreativität zu entfalten. Lasse die Angst vor NEUEM hinter dir, und beginne das Abenteuer LEBEN. Brich alte verhärtete Strukturen auf, und erlaube dir, Erfahrungen zu machen. Betrachte ALLES als gleichwertig, und beobachte, in welchen Situationen du bewertest und verurteilst.

Übungsimpulse und -hinweise zur Kontaktaufnahme mit der Regenbogen-Sphäre

- Verbinde dich geistig mit dem Namen »Regenbogen-Sphäre«, oder meditiere mit der Energie.
- Lege ein Stück Holz auf dein Herzchakra, und fühle die Kraft.
- Lege ein Bild von einem Einhorn auf dein Drittes Auge.
- Kommuniziere mit dem Vorsteher Faithemy oder mit Seraphim Gabriel.
- Setze dich an oder auf die Wurzel eines Baumes. Du hast jederzeit die Möglichkeit, dich mit einer Baumgruppe zu verbinden und von ihrer Weisheit zu lernen. Dehne deine Gedanken bis in die Regenbogen-Sphäre hinein aus, und fühle die Energie der Baumwesen. Baumwesen sind jederzeit bereit, dir Ruhe und Gelassenheit zu schenken. Berühre sanft einen Baum mit deinen Händen. Im Gegensatz zu anderen Wesen mögen sie eine Umarmung nicht sonderlich gern.
- Gehe barfuß im Wald spazieren.
- Setze dich neben ein Tier deiner Wahl, oder umarme es.
- Bei Unruhe und Gereiztheit verbinde dich mit der Nebelseele.
- Suche dir eine angenehme Position, und lasse die vereinte Liebesmacht der Einhörner in dein Herz fließen.
- Arbeitest du mit Zwergen, so ist es wichtig, auf Gespräche oder Diskussionen gut vorbereitet zu sein. Oberflächlichkeit verabscheuen sie. Arbeitet ein Zwerg mit dir, ist es vorteilhaft, ihm mitzuteilen, wann du Ruhepausen brauchst.
- Arbeitest du mit einem Elb zusammen, konzentriere dich auf wesentliche Dinge. Sie verlieren schnell das Interesse bei allzu ausschweifenden Formulierungen.

Die Übungen werden dich intensiver mit der Energie der Regenbogen-Sphäre verbinden. Bei regelmäßiger Anwendung ist eine Verbesserung deines Lebensgefühls und Wohlbefindens deutlich spürbar. Bei stetigem Ausüben kann es geschehen, dass ein Elb oder ein Zwerg aus der Regenbogen-Sphäre persönlich Kontakt zu dir aufnimmt.

Meditation: Regenbogen-Sphäre

Lege dich bequem auf eine dir angenehme Unterlage. Atme ein und aus, bis sich dein ganzer Körper in harmonischem Einklang mit deinem Atem bewegt. In diesem Augenblick nimmst du wahr, wie deine geistigen Sinne in dir erwachen, und richtest deinen Blick nach innen. In diesem Augenblick ist Seraphim Gabriel bei dir, an deiner Seite. Sie erklärt dir, dass sie dir das Geschenk einer Astralreise in die Regenbogen-Sphäre macht. Seraphim Gabriel hebt in diesem Augenblick deinen Astralkörper aus deinem menschlichen Körper und erhöht die Schwingung behutsam. Eure gemeinsame Astralreise in die Regenbogen-Sphäre hat begonnen.

Deine inneren Sinne nehmen eine veränderte Schwingung wahr, und Seraphim Gabriel erklärt dir, dass ihr im Energiefeld der Regenbogen-Sphäre angekommen seid. Seraphim Gabriel bittet dich, deine Astralaugen langsam zu öffnen. Sie hält dich an der Hand und legt einen ihrer wunderschönen Flügel um dich. Deine Füße berühren ganz zaghaft den ätherischen Boden der Regenbogen-Sphäre. Deine Astralaugen öffnen sich langsam, und du betrachtest verzaubert die Umgebung. Du erblickst gigantische Wälder, Bäume, so hoch, dass du ab und an kein Ende sehen kannst. Seraphim Gabriel öffnet ihre Flügel und zieht diesen Schutzmantel um deinen Astralkörper vorsichtig zurück. In diesem Moment trifft dich die gesamte Pracht der Regenbogen-Sphäre. Du bist außerordentlich entzückt. Du bemerkst, dass sich zwei wundervolle Elben zu euch gesellt haben. Es ist ein weiblicher und ein männlicher Elb. Zwei weitere Wesen, wesentlich kleiner, begleiten die Elben. Es sind die Zwerge aus der Regenbogen-Sphäre. Sie lachen herzhaft und heißen dich in der Regenbogen-Sphäre herzlich willkommen.

Seraphim Gabriel reicht dir ihre Hand, gemeinsam begebt ihr euch auf den Weg in den Wald. Die Farbenpracht der Bäume ist überwältigend, und ihre Blüten sind von erlesener Schönheit. Du empfindest tiefe Befriedigung über diese Schönheit. Ihr steigt über riesengroße Wurzeln und bleibt an einem gewaltigen Baum stehen. Um diesen Baum rankt sich eine gigantische Treppe. Die Elben teilen dir mit, dass sie dich in ihr Dorf mitnehmen, das hoch in der Baumkrone liegt. Du beginnst den Aufstieg, der dir leichtfällt. Ab und an verharrt ihr einen Augenblick, um euch an der Aussicht zu erfreuen. Du siehst Tiere, die glücklich durch den Wald streifen. Alles schillert und glitzert in einer farbenfrohen Pracht. Jetzt, in diesem Augenblick, habt ihr die höchste Plattform erreicht. Die filigranen Wohnstätten sind zart und verspielt und gleichzeitig erhaben. Deine Begleiter geleiten dich ins Zentrum des Dorfes. Dort steht ein verschnörkelter, zarter Brunnen in der Form eines Kelches. In ihm schimmert kristallklares Tauwasser. Jeweils ein Elb und ein Zwerg halten in ihren Händen einen wunderschönen Holzkrug. Mit diesen Krügen schöpfen sie das schimmernde, warme Wasser des Kelchbrunnens und lassen dieses behutsam über deinen Astralkörper fließen. Seraphim Gabriel taucht gleichfalls einen Holzkrug ins Tauwasser und bittet dich, zu trinken. Das Wasser schmeckt köstlich und hinterlässt einen angenehmen, frischen Geschmack in deinem Mund. Die Reinigung bewirkt eine Heilung all deiner Ängste und Verletzungen gegenüber Tieren. Ihr wiederholt die Zeremonie, und alle Ängste und Verletzungen der Tiere dir gegenüber werden ebenfalls geheilt. Ab jetzt begegnest du Tieren mit Freude, Verständnis und Wohlwollen. Du bist erlöst und frei.

In diesem Augenblick landet Pegasus elegant direkt neben dir auf dem Hochdorfplatz. Er lädt dich ein, auf seinem starken Rücken Platz zu nehmen. Er breitet seine Flügel aus und erhebt sich in die Lüfte. Pegasus fliegt mit dir über die bezaubernden Wälder der Regenbogen-Sphäre. Du fühlst dich frei und unverwundbar. Die Unendlichkeit der Regenbogen-Sphäre berührt dich im Herzen. Pegasus kehrt zum Dorfplatz zurück, verlangsamt seine Geschwindigkeit und setzt behutsam zur Landung an. Du steigst von seinem Rücken, und Seraphim Gabriel gibt dir zu verstehen, dass es Zeit wird, dich von der Regenbogen-Sphäre zu verabschieden. Sie breitet ihre weichen Flügel um dich und fängt an, die Schwingung langsam zu verringern. In diesem Augenblick habt ihr das irdische Schwingungsfeld erreicht. Seraphim Gabriel beginnt, deinen Astralkörper mit deinem menschlichen Körper zu verbinden. Du weißt, all die Heilung, die du in der Regenbogen-Sphäre erfahren durftest, wirst du mit in deinen menschlichen Körper einbinden. Seraphim Gabriel legt deinen Astralkörper vollständig in deinen menschlichen Körper, und sie verbinden sich perfekt miteinander.

Seraphim Gabriel verabschiedet sich von dir. Lasse dir Zeit, genieße deine Gefühle, nimm dein Umfeld aus einem neuen Blickwinkel wahr.

Feen- & Elfen-Sphäre

Seelensphäre:	Feen- & Elfen-Sphäre
Begleitender Engel:	Seraphim Jophiel
Bekannter Avatar:	Lady Kwan Yin, Lord Konfuzius
Vorsteher:	Avatar Malan Salah
Erste Manifestation:	vor 2,5 Milliarden Jahren
Ort der Manifestation:	Irland, Island
Unterste Dimension:	5. Dimension, 12. Ebene
Weitere Seelengruppen:	Elementarwesen, Tierwesen, Kräuter, Pflanzen, Wind

Allgemein

In der Feen- & Elfen-Sphäre leben jene Tiere, die uns als Insekten und Amphibien auf der Erde bekannt sind: Bienen, Libellen, Käfer, Schmetterlinge, Frösche, Schlangen, Lurche usw. Feen- & Elfen-Lichtwesen sind die bekanntesten Lichtwesenheiten, die als Mensch auf die Erde inkarnieren. Gleichzeitig arbeiten sie mit der Flora im Hochfrequenzbereich des irdischen Matrixfeldes. Sie sind für die Menschheit üblicherweise nicht sichtbar. Die Energie für einen spielerischen Umgang mit allem und jedem flutet unerschöpflich in einem stetigen Strom aus dieser bezaubernden Seelensphäre auf die Erde, und sie beheimatet pure Lebensfreude. Die Elfen leben eine befreite Körperkultur und Sexualität, die im glückseligen Wohlbefinden ihren göttlichen Höhepunkt findet, in den hohen Sphären als kosmischer Orgasmus bekannt. Die Energie, uns nicht allzu ernst zu nehmen, erhalten wir aus der Feen- & Elfen-Sphäre. Der Ausstieg aus unseren menschlichen Dramen wird uns auf unendliche Weise durch die reichhaltige Lebensfreude der Feen- & Elfen-Sphäre vereinfacht.

Allgemeine Botschaft
Die Feen und Elfen schenken dir Ausgelassenheit und spielerischen Umgang mit dem eigenen Sein. Bei ihnen wird das Chaos in großem Stil hervorgerufen, damit Ordnung entsteht. Ihre Energie begleitet dich dabei, in allen Lebensbereichen ein kreativer, unabhängiger Idealist zu werden.

Energieform und Charakteristika der Sphäre
Pure Lebensfreude | Verspieltheit in der Kindlichkeit | Spaß am Sein | Verbindung zu den Elementarwesen | Tanz | Musik | freie Sexualität | Körperbewusstsein | übersprudelnder Schabernack | offenes Lachen | fröhliches Selbstbewusstsein | Verbindung zur Flora wie Blumen, Gräser, Wasserpflanzen usw. | Verbindung zu Insekten und Amphibien | keltische/irische Musik

Wirkt unterstützend bei …
Verschlossenheit | körperlicher Gewaltbereitschaft | Trübsal | Suizidgedanken | Heuschnupfen | Neid | jeglichen Verlustängsten | Verspannungen | Wut | Verzweiflung | Kaltherzigkeit | gehemmter Sexualität

Unterstützt folgende Berufe/Berufsfelder im Besonderen
Werbebranche, Landwirt, Landschaftsarchitekt, Gärtner, Modebranche, Filmbranche, Musiker, Schauspieler, Florist, Koch, Sexualtherapeut, Zirkus, Moderator, Künstler, Designer, Pilot

Themen der Feen- & Elfen-Sphäre

Heimat/Annahme
In der Feen- & Elfen-Sphäre finden alle Insekten, Amphibien und Vögel ihre Heimat.

Botschaft für DICH
Begib dich in die Natur, und beobachte den Tanz des Lebens. Beginne in deinen Gedanken, diesen Tanz zu tanzen, bis er in deinem irdischen Körper angekommen ist. Nimm deinen Körper wahr, und bewohne ihn in Freude.

Höheres Bewusstsein
Feen und Elfen inkarnieren nicht nur als Menschen, sie arbeiten auch aus der feinstofflichen Ebene heraus mit der Flora der Erde. Hierbei sind sie manchmal für den Menschen sichtbar.

Botschaft für DICH
Die Feen und Elfen unterstützen dich dabei, dein Drittes Auge zu öffnen.

Sexualität
Die Feen- & Elfen-Sphäre lebt eine befreite Körperkultur und Sexualität, in den hohen Sphären als kosmischer Orgasmus bekannt.

Botschaft für DICH
Die Feen- & Elfen-Sphäre unterstützt dich darin, Blockaden in der Sexualität aufzulösen und Spaß an deiner Sexualität zu empfinden.

Lebensfreude

Humorvolle Lebensfreude durchzieht die Seelensphäre und bereitet den Boden für die kosmische Weisheit. Sie darf in Leichtigkeit und Freude empfangen werden.

Botschaft für DICH

Bei Verlust der Freude am Leben, am Lernen und oder an der Magie helfen dir die Feen und Elfen, diese wieder in dir zu erwecken.

Übungsimpulse und -hinweise zur Kontaktaufnahme mit der Feen- & Elfen-Sphäre

- Verbinde dich geistig mit dem Namen »Feen- & Elfen-Sphäre«, oder meditiere mit der Energie.
- Lege eine Blume auf dein Herzchakra, und fühle die Kraft.
- Lege Heilkräuter auf dein Drittes Auge.
- Kommuniziere mit Avatar Malan Salah oder mit Seraphim Jophiel.
- Setze dich in ein Gemüsefeld, und berühre die Wesen sanft. Fühle, wie der Nährwert in dich einfließt. Wichtig ist, dass die Pflanzen noch mit der Erde verwurzelt sind.
- Lege dich unter Obstbäume, und lasse dich energetisch aufladen.
- Gehe auf einer Wiese spazieren.
- Beobachte Insekten und Vögel, und lasse dich von ihrem Spiel und ihrer Lebenskraft aufladen.
- Bei Problemen im Garten oder mit sonstiger Fauna lade Feen und Elfen ein. Jedem Wesen aus der Feen- & Elfen-Sphäre sind machtvolle Heilfähigkeiten gegeben.
- Sofern du das Gefühl hast, du bist aus deinem Lebensrhythmus geraten, verbinde dich mit den Wesen der Feen- & Elfen-Sphäre.
- Bei innerer Starre oder Lebensunlust verbinde dich mit der Windseele.

- Für Kontaktaufnahme mit einem sphärischen Feen- & Elfen-Wesen auf der Erde begib dich in einen Garten, und singe. Feen und Elfen lieben Musik und Gesang. Wiederhole das des Öfteren. Wenn sie dir wohlgesonnen sind, werden sie sich zeigen.

Die Übungen werden dich intensiver mit der Energie der Feen- & Elfen-Sphäre verbinden. Bei regelmäßiger Anwendung ist eine Verbesserung deines Lebensgefühls und Wohlbefindens deutlich spürbar. Bei stetigem Ausüben kann es geschehen, dass eine Elfe Kontakt mit dir aufnimmt.

Meditation: Feen- & Elfen-Sphäre

Lege dich bequem auf eine dir angenehme Unterlage. Atme ein und aus, bis sich dein ganzer Körper in harmonischem Einklang mit deinem Atem bewegt. In diesem Augenblick nimmst du wahr, wie deine geistigen Sinne erwachen. Seraphim Jophiel steht an deiner Seite. Er erklärt dir, dass er dir das Geschenk einer Astralreise in die Feen- & Elfen-Sphäre macht. Er hebt in diesem Augenblick deinen Astralkörper aus deinem menschlichen Körper und erhöht die Schwingungsenergie behutsam. Eure gemeinsame Astralreise in die Feen- & Elfen-Sphäre hat begonnen.

Deine inneren Sinne nehmen eine veränderte Schwingung wahr, und Seraphim Jophiel bittet dich, deine Astralaugen langsam zu öffnen. Behutsam beginnst du, die Umgebung der Feen- & Elfen-Sphäre zu betrachten. Gemeinsam mit Seraphim Jophiel stehst du auf einer kleinen Anhöhe, die einen überwältigenden Ausblick bietet. Liebliche Musik durchdringt deinen Körper und umwebt dich sanft und weich. Voller Bewunderung betrachtest du die riesigen Blumen, Farne und Gräser, die sich sacht im lauen Wind hin und her wiegen, und in der Luft erblickst du verschiedenartige Vögel. Als du deine Hand ausstreckst, landen darauf filigrane Libellen, und zu deinen Füßen schlängeln sich wunderschön gemusterte Schlangen. Eine lustige Prozession kommt euch freudig entgegen. Du kannst Elfen, Feen, Brownies, Trolle, Gnome, Baries, Kobolde und noch viele mehr erkennen. Sie umkreisen euch lachend und laden dich ein, am Fest teilzunehmen, das dir zu Ehren gegeben wird.

Am festlich geschmückten Platz angekommen, begegnen dir weitere Wesen: Molche, Salamander, Käfer, Fliegen, Frösche. Leuchtkäfer fliegen über den Platz und erhellen ihn wie Dutzende kleine Lampions. Ein Orchester aus Pflanzen steht bereit. Farne spielen Trompete, Rosen fiedeln auf Geigen, Margeriten spielen auf zierlichen Flöten, und ein Himbeerbusch gibt dazu auf seinem Schlagzeug den Rhythmus an. Seraphim Jophiel lässt in der Mitte des Platzes ein Feuer entstehen, das lustige Funken sprüht. Sobald dich ein Funke berührt, wird dein inneres Feuer entfacht, und die Lust, aktiv dein Leben zu gestalten, überkommt dich. Seraphim Jophiel sagt zu dir, dass die Zeit der Schwere, Traurigkeit und Einsamkeit zu Ende ist. Ab jetzt lebst du Freude, Gemeinschaft, Heiterkeit und Leichtigkeit. Das lebendige Feuer ist meterhoch und knistert wohlig. Die Elfen und Feen tanzen ausgelassen mit dir durchs Feuer, damit alle Schwermut und Verzweiflung in dir schmilzt. Alles in dir ist gewandelt worden, und du kannst die reine Glückseligkeit fühlen. Seraphim Jophiel gibt dir zu verstehen, dass es Zeit ist, Abschied von der Feen- & Elfen-Sphäre zu nehmen. Er beginnt, die Schwingung der Feen- & Elfen-Sphäre langsam zu verringern und sie der Erdschwingung anzugleichen. In diesem Augenblick seid ihr in das irdische Schwingungsfeld eingetaucht. Seraphim Jophiel legt deinen Astralkörper vollständig in deinen menschlichen Körper, und sie verbinden sich perfekt miteinander. Seraphim Jophiel lächelt dich an, umarmt dich und winkt dir zum Abschied. Lasse dir Zeit, genieße deine Gefühle, nimm dein Umfeld aus einem neuen Blickwinkel wahr.

Wal- & Delfin-Sphäre

Seelensphäre:	Wal- & Delfin-Sphäre
Begleitender Engel:	Seraphim Chamuel
Bekannter Avatar:	Avatar Poseidon
Vorsteher:	Avatar Poseidon
Erste Manifestation:	vor 5,5 Milliarden Jahren
Ort der Manifestation:	Ozeane/alle Gewässer
Unterste Dimension:	6. Dimension, 3. Ebene
Weitere Seelengruppen:	Wale, Delfine, Korallen, Fische

Allgemein

Diese kraftvolle Seelensphäre ist die Heimat aller Energien der prachtvollen und grenzenlosen Wasserwelten. Die Wal- & Delfin-Sphäre ist wahrlich gigantisch. In hingebungsvoller Freundschaft leben die Licht- und Wasserwesen ihre Ehrlichkeit und Zuverlässigkeit im Einklang miteinander. Die Energie der leidenschaftlich verbindenden Freundschaft ist gelebtes Sein und wird in der Wal- & Delfin-Sphäre intensiv jeder Wesenheit auf sanfte Art gelehrt.

Wasser, Wale und Delfine sowie die gesamten Wasserwelten inkarnierten zu einem sehr frühen Zeitpunkt auf die Erde. Viele Lichtwesen (Menschen), die ab 1980 auf der Erde geboren wurden, entstammen dieser hinreißenden Seelensphäre. Die (menschlichen) Wesen aus dieser Seelensphäre waren zuvor noch nicht inkarniert und bringen ein erhöhtes spirituelles Bewusstsein auf die Erde. Sie sind auf der Erde nicht manipulierbar und gelten bedauerlicherweise oft als ADS- oder ADHS-Kinder und schwer erziehbare Individuen. Nicht selten sind sie Einzelgänger, da sie alles hinterfragen.

Allgemeine Botschaft

Die Wal- & Delfin-Sphäre schenkt dir die Kraft, dein Leben mit Hingabe anzunehmen. Sie lehrt dich Ehrlichkeit und Zuverlässigkeit. Sie öffnet dir den Weg für verbindende Freundschaft mit allen Seelen.

Energieform und Charakteristika der Sphäre

Geradlinigkeit | Ehrlichkeit | Hilfsbereitschaft | Zuverlässigkeit | Verbundenheit zu allen im Wasser lebenden Wesen | Fokussierung | inneres Glück | Zufriedenheit | sich treiben lassen | positive Grundeinstellung | ehrliche Freundschaft | Selbsterfahrung | Treue | den eigenen Weg beschreiten | Standhaftigkeit | sanfte Musik

Wirkt unterstützend bei …

Tagträumen | Verlust der Vorstellungskraft | Begrenztheit | Traumata durch und mit Wasser | körperlicher Verwahrlosung | Einsamkeit | Ziellosigkeit | Unehrlichkeit | Egoismus | Lustlosigkeit | Manipulation | Verführung jeglicher Art | Computer-/Fernsehsucht

Unterstützt folgende Berufe/Berufsfelder im Besonderen

Waffenschmied, Schauspieler, Militär, Lehrer, Streetworker, Psychiater, Meeresbiologe, Pilot, Moderator, Journalist, IT-Spezialist, Fluglotse, Kommunikationswissenschaftler

Themen der Wal- & Delfin-Sphäre

Schutz

In der Wal- & Delfin-Sphäre sind alle Wesen beheimatet, die uns aus irdischen Wasserwelten bekannt sind.

Botschaft für DICH

Das Wasser schenkt dir das Vertrauen, dass du in Leichtigkeit sicher und liebevoll getragen und begleitet wirst. Spüre die sanfte Hülle, die dich nährt.

Gleichberechtigung/Verantwortungsbewusstsein

Alle Seelen der Wal- & Delfin-Sphäre sind verantwortungsbewusste, aufrichtige und ernsthafte Wesen. Zwischen den unterschiedlichen Wesenheiten herrscht ein ausgeglichenes Verhältnis.

Botschaft für DICH

Du erhältst das Geschenk der Gleichwertigkeit. Sie gibt dir Mut, aufrichtig deine Verantwortung zu übernehmen.

Tugendhaftigkeit

Die Wal- & Delfin-Sphäre ist die Sphäre der Verspieltheit, gepaart mit tief gehender Ernsthaftigkeit. Ihre absolut gewaltfreien und gradlinigen Charaktere lassen keinen Spielraum für Manipulationen. Die Kommunikation ist klar und respektvoll, ihre absolute Ehrlichkeit ist beeindruckend. Ruhige Hilfsbereitschaft ist in jedem Winkel der Sphäre spürbar.

Botschaft für DICH

Überwinde Aggression, und begegne dir selbst mit ehrlichem Respekt. Lerne, wahre Hilfsbereitschaft von Selbstaufopferung zu unterscheiden.

Übungsimpulse und -hinweise zur Kontaktaufnahme mit der Wal- & Delfin-Sphäre

- Verbinde dich geistig mit dem Namen »Wal- & Delfin-Sphäre«, oder meditiere mit der Energie.
- Lege ein Bild oder eine Figur von einem Wal oder Delfin auf dein Herzchakra.
- Gib einen Tropfen Wasser auf dein Drittes Auge.
- Kommuniziere mit dem Vorsteher Poseidon oder mit Seraphim Chamuel.
- Bei Unwohlsein im Wasser verbinde dich mit Avatar Poseidon.
- Beobachte Wale, Delfine oder Fische.
- Bei Traurigkeit und Depression kann ein Bad angefüllt mit Wal- & Delfin-Energie wahre Wunder bewirken.
- Sollte es einmal dein Bedürfnis sein, dich von Mitmenschen abzugrenzen, ohne dich selbst auszugrenzen, dann verbinde dich mit der Energie der Fischseelen.
- Wasser ist ein hervorragendes Heilmittel. Du kannst es trinken, darin baden oder es als Energie auf dich wirken lassen. Allerdings sollte das Wasser immer in reiner Form, also ohne Zusatz, verwendet werden.
- Bei Burn-out ist es vorteilhaft, sich mit der Wal- & Delfin-Sphäre zu verbinden. Sie schenkt Kraft und Mut, jede Aufgabe zu meistern und dabei noch Spaß und Freude zu empfinden.
- Musst du Gewalt in deiner Umgebung erdulden und fühlst du die Gewaltbereitschaft deiner Mitmenschen, dann bitte die Wasserseele, dich schützend zu umhüllen.

Die Übungen werden dich intensiver mit der Energie der Wal- & Delfin-Sphäre verbinden. Bei regelmäßiger Anwendung ist eine Verbesserung deines Lebensgefühls und Wohlbefindens deutlich spürbar. Bei stetigem Ausüben kann es geschehen, dass ein Lumianer oder ein Wal oder Delfin aus der Wal- & Delfin-Sphäre persönlich Kontakt zu dir aufnimmt.

Meditation: Wal- & Delfin-Sphäre

Lege dich bequem auf eine dir angenehme Unterlage. Atme ein und aus, bis sich dein ganzer Körper in harmonischem Einklang mit deinem Atem bewegt. In diesem Augenblick nimmst du wahr, wie deine geistigen Sinne erwachen, und du richtest deinen Blick nach innen. In diesem Augenblick ist Seraphim Chamuel bei dir, an deiner Seite.

Sie erklärt dir, dass sie dir das Geschenk einer Astralreise in die Wal- & Delfin-Sphäre macht. Seraphim Chamuel hebt in diesem Augenblick deinen Astralkörper aus deinem menschlichen Körper und erhöht die Schwingung behutsam. Eure gemeinsame Astralreise in die Wal- & Delfin-Sphäre hat begonnen.

Deine inneren Sinne nehmen eine veränderte Schwingung wahr, und Seraphim Chamuel erklärt dir, dass ihr im Schwingungsfeld der Wal- & Delfin-Sphäre angekommen seid. Sie bittet dich, deine Astralaugen langsam zu öffnen, und du betrachtest fasziniert die Umgebung. Seraphim Chamuel hält dich an der Hand und legt einen ihrer wunderschönen Flügel um dich. Seraphim Chamuel und du, ihr taucht tiefer ins Wasserwesen ein, bis ihr vollkommen von ihm umhüllt seid. Es schimmert in einem zarten Rosa. In diesem treiben silbern glitzernde Herzen dahin. Vor dir erscheint ein riesiges durchsichtiges Röhrensystem, es ist die Wohnstätte der Lichtwesen aus der Wal- & Delfin-Sphäre, die sich gallertartig anfühlen. Sechs Wesen aus der Wal- & Delfin-Sphäre begrüßen dich. Sie und Seraphim Chamuel begleiten dich zu einer gigantischen Unterwasserplattform. Du begibst dich ans Ende der Plattform, und augenblicklich erscheint vor dir ein mächtiger Wal.

Der Wal bittet dich, auf seinen Rücken zu steigen und dich sanft anzuschmiegen. Er gleitet mit dir behutsam durch das Meer. Riesige Seefarne wiegen sich zart hin und her. An einem majestätischen Unterwassergebirge begegnen dir bunte Fische und Seesterne. Weitere Wale gesellen sich zu euch, und du nimmst eine tief greifende Verbundenheit wahr. Du empfindest selige Ruhe in dir.

In diesem Augenblick gleitet ein Delfin an deine Seite. Er gibt dir zu verstehen, dass er gern mit dir durch die Fluten reiten möchte. Der Delfin verbindet sich mit deiner Essenz, sodass du sicher auf ihm liegst. In rasantem Tempo gleitet ihr durch das Meer.

Überschäumende Freude erfüllt deinen Astralkörper. Dein Delfin durchbricht die Wasseroberfläche, springt mit dir Loopings und taucht wieder tief in das Wasserwesen ein. Du spürst die tiefe spielerische Lebensfreude, den Spaß, die Leichtigkeit und die Hingabe an dein Sein in dir. Dein Delfin begleitet dich zur Plattform zurück. Dort warten die Wesen aus der Wal- & Delfin-Sphäre sowie Seraphim Chamuel auf dich.

Chamuel gibt dir zu verstehen, dass es Zeit ist, Abschied von der Wal- & Delfin-Sphäre zu nehmen. Sie breitet ihre weichen Flügel um dich, und du fühlst dich umhüllt und getragen. Seraphim Chamuel fängt an, die Schwingung der Wal- & Delfin-Sphäre langsam zu verringern und deine Schwingung der Erdschwingung anzugleichen. In diesem Augenblick seid ihr ins irdische Schwingungsfeld eingetaucht. Seraphim Chamuel legt deinen Astralkörper vollständig in deinen menschlichen Körper zurück. Sie verschmelzen perfekt miteinander. Du fühlst dich vollkommen glücklich und friedlich.

Du weißt, dass du all die Harmonisierung, die du in der Wal- & Delfin-Sphäre erfahren durftest, in deinen menschlichen Körper einbinden wirst. Ein tiefes Gefühl der Freiheit breitet sich von deinem Herzchakra aus in deinem gesamten Körper aus.

Seraphim Chamuel verabschiedet sich von dir. Lasse dir Zeit, genieße deine Gefühle, und nimm dein Umfeld aus einem neuen Blickwinkel wahr.

Sirius-Sphäre

Seelensphäre:	Sirius
Begleitender Engel:	Seraphim Michael
Erste Manifestation:	vor 3,5–3 Milliarden Jahren
Bekannter Avatar:	Avatar Sananda
Vorsteher:	Avatar Sharon
Ort der Manifestation:	Amerika, Australien, Asien, Europa
Unterste Dimension:	5. Dimension, 4. Ebene
Weitere Seelengruppen:	Silber, Erze, Gold, Metalle

Allgemein

Sämtliche technischen Errungenschaften auf der Erde entströmen der Sirius-Sphäre. Die Sirianer sind Forscher der göttlichen Materie und für deren Umsetzung in unterschiedliche Energieformen verantwortlich. Alle Erze und Edelmetalle sind in dieser sagenhaften Seelensphäre beheimatet. Der Drang, Neues zu erschaffen, und die darin enthaltene freudige Erwartung sprudeln in dieser Seelensphäre auf besondere Weise. Wir lernen in dieser Seelensphäre, uns auf spannende Abenteuer einzulassen. In ihrer Energie fällt es uns leichter, zu lernen. Lebensstrategien und Lernstrategien entwickeln sich in dieser Seelensphäre auf geradezu lächerlich einfache Weise.

Allgemeine Botschaft

Sirius hilft dir, dich zu erforschen und neu zu erfinden. Zudem fördert die Sphäre handwerkliches Gestalten. Du lernst, dich zu fokussieren und die Welt der Mathematik zu verstehen. Sei mutig, und lasse dich auf neue Experimente ein. Probiere unerschrocken Neues aus, und bringe deine Ideen in die Realität.

Energieform und Charakteristika der Sphäre

technisches Wissen | positive Neugierde | Durchhaltevermögen | Freude am Entdecken und Entwickeln | Forschergeist | Kameradschaft | Direktheit | positive Provokation | Selbstständigkeit | Mut | positives Machtbewusstsein | Klarheit | mathematisches Denken | klassische Musik

Wirkt unterstützend bei …

Langeweile | Hoffnungslosigkeit | Einschüchterung | Labilität | Abkapselung | Lernunlust oder Lernschwierigkeiten | Unsicherheit bei der Berufswahl | Egoismus | zerstörerischer Selbstsucht

Unterstützt folgende Berufe/Berufsfelder im Besonderen

Technischer Zeichner, Mathematiker, Architekt für Straßen- und Brückenbau, Schmuckdesigner, Uhrmacher, Juwelier, alle Arbeiten mit Stahl oder Erzen, Maschinenbau, Umweltschützer, Autoindustrie, Forscher für neue Technologien, Raumfahrt, Lehrer für alle mathematischen Fächer

Themen der Sirius-Sphäre

Forschergeist

Sämtliche technischen Errungenschaften auf der Erde oder in unserem Universum entströmen der Sirius-Sphäre. Alle Wesen dieser Sphäre sind Erforscher der göttlichen Materie und für deren Umsetzung in unterschiedliche Energieformen verantwortlich. Der Drang, Energie zu wandeln und neue mathematische Formen zu erschaffen, sprudelt unablässig in der Sirius-Sphäre.

Botschaft für DICH

Lerne, erfolgreich zu manifestieren, und öffne deinen Spirit für neue Wege/Ideen aus der geistigen Ebene.

Neugierde und freudige Erwartung

Die famose, freudige Erwartung und die positive Neugierde quellen in dieser Seelensphäre auf besondere Weise.

Botschaft für DICH

Lasse dich auf spannende Abenteuer ein, und vertraue auf positive Ergebnisse. Entwickle Lebens- und Lernstrategien auf einfache Weise.

Lösung

Die Vielfalt der unterschiedlichen Metalle in der Sirius-Sphäre ist phänomenal. Erze, Gold und Silber sind Wesen, die eine immense kreative mathematische Kraft in sich tragen, vorwiegend im Bereich der linearen Form. Komplizierte, abstrakte Linien lieben sie.

Botschaft für DICH

Löse komplizierte Verflechtungen in Leichtigkeit. Die Metalle aus dem Energiefeld schenken dir Glanz, Stabilität und Kraft.

Übungsimpulse und -hinweise zur Kontaktaufnahme mit der Sirius-Sphäre

- Verbinde dich geistig mit dem Namen »Sirius-Sphäre«, oder meditiere mit der Energie.
- Lege Gold auf dein Herzchakra.
- Lege ein Stück Silber auf dein Drittes Auge.
- Kommuniziere mit dem Vorsteher Sharon oder mit Seraphim Michael.
- Benötigst du neue Ideen für dein Leben, verbinde dich mit Avatar Sharon. Er ist der Meister für alle Lebensstrategien.
- Fühlst du dich in deiner Familie als Außenseiter, verbinde dich mit der gesamten Energie der sirianischen Lichtwesen.
- Fehlt dir auf der Erde eine Lebensstrategie oder verzettelst du dich leicht, verbinde dich mit der Energie der Sirius-Sphäre.
- Musst du einmal Entscheidungen treffen, die andere verletzen oder auf den ersten Blick unverständlich erscheinen, verbinde dich mit der Sirius-Sphäre. Manchmal muss man Schmerz zufügen, damit Raum für Heilung entsteht.
- Das Goldwesen lehrt in der Sphäre, dass du deinen eigenen Wert akzeptieren und dich zum Wohle aller einsetzen solltest. Fehlt dir Glanz, verbinde dich mit dem Goldwesen.
- Fühlst du dich zu extrovertiert oder willst du einmal geheimnisvoller erscheinen, verbinde dich mit dem Silberwesen.
- Benötigst du in deinem Leben Stabilität, so verbinde dich mit einem Metall oder Erz deiner Wahl.

Die Übungen werden dich intensiver mit der Energie der Sirius-Sphäre verbinden. Bei regelmäßiger Anwendung ist eine Verbesserung deines Lebensgefühls und Wohlbefindens deutlich spürbar. Bei stetigem Ausüben kann es geschehen, dass ein Sirianer oder das Gold- oder das Silberwesen aus der Sirius-Sphäre persönlich Kontakt zu dir aufnimmt.

Meditation: Sirius-Sphäre

Lege dich bequem auf eine dir angenehme Unterlage. Atme ein und aus, bis sich dein ganzer Körper in harmonischem Einklang mit deinem Atem bewegt. In diesem Augenblick nimmst du wahr, wie deine geistigen Sinne erwachen, und du richtest deinen Blick nach innen. Seraphim Michael ist bei dir, an deiner Seite. Er erklärt dir, dass er dir das Geschenk einer Astralreise in die Sirius-Sphäre macht. Er hebt in diesem Augenblick deinen Astralkörper aus deinem menschlichen Körper und erhöht die Schwingung behutsam. Eure gemeinsame Astralreise in die Sirius-Sphäre hat begonnen. Deine inneren Sinne nehmen eine veränderte Schwingung wahr, und Seraphim Michael erklärt dir, dass ihr im Schwingungsfeld der Sirius-Sphäre angekommen seid. Er bittet dich, deine Astralaugen langsam zu öffnen, und du betrachtest fasziniert die Umgebung. Michael hält dich an der Hand und legt einen seiner wunderschönen Flügel um dich.

Eine Delegation von Sirianern ist angekommen. Sie erklären dir, dass sie dich zu den Stätten der Metalle und Erze mitnehmen. Das Transportmittel sieht wie ein riesiges Schlauchboot aus und schwebt über dem Boden. Sobald ihr, die ganze Delegation, Seraphim Michael und du, eingestiegen seid, startet das beschwingte Gefährt. Über dem Boden schwebend geht die Fahrt schnell voran, im nächsten Moment seid ihr schon angekommen. Ihr steigt aus und schreitet auf ein wunderschönes Eingangstor zu, das ihr bedächtig passiert. Durch das erhabene Gebilde leuchten Erzadern aus Gold, Kupfer, Silber und Eisen in unterschiedlichen Farben. Als du dich umsiehst, erblickst du runde Waben. Du nimmst wahr, dass zu jeder Wabe eine Ader führt, die diese im Inneren auskleidet.

Seraphim Michael bittet dich, entspannt in einer Wabe Platz zu nehmen, und verschließt sie. In der Wabe umhüllt dich das Eisenwesen sanft. Das Eisen fließt durch alle Zellen deines Astralkörpers und verleiht dir innere Stärke. Körperlich und emotional gestärkt verlässt du nach einer Weile die Wabe des Eisens wieder und begibst

dich von Seraphim Michael begleitet
in die nächste Wabe. Es ist die Wabe
des Silbers. Augenblicklich erfasst dich
die tiefe Stille des Seins. Das Silber verbindet sich sanft mit deinem Bewusstsein
und lässt dich deinen wundervollen Glanz
erkennen. Du leuchtest und glänzt in allen Re-
genbogenfarben. Du genießt einen Moment das
Gefühl, zu leuchten und von innen heraus zu glänzen,
bevor du die Wabe verlässt. Die nächste Wabe wartet schon
auf dich. Freudig begibst du dich hinein. Du betrachtest die Wand der Wabe
und wirst gewahr, dass es die Wabe des Goldes ist. Das Goldwesen fließt in
dein Bewusstsein und begrüßt dich warmherzig. Das Gold schenkt dir
das Bewusstsein über deinen inneren Wert. Es breitet sich in jeder Zelle
deines Astralkörpers aus. Seraphim Michael öffnet die Wabentür, und
behände verlässt du die Wabe des Goldes.
Gemächlich schreitet ihr aus dem Gebilde, und du spürst deutlich
deine innere Stärke, deinen Glanz und deinen Wert. Seraphim Michael gibt dir zu verstehen, dass es jetzt Zeit ist, Abschied von der
Sirius-Sphäre zu nehmen. Er breitet seine weichen Flügel um dich,
und du fühlst dich umhüllt und getragen. Seraphim Michael fängt
an, die Schwingung der Sirius-Sphäre langsam zu verringern und
deine Schwingung der Erdschwingung anzugleichen. In diesem Augenblick seid ihr ins irdische Schwingungsfeld eingetaucht. Seraphim
Michael legt deinen Astralkörper vollständig in deinen menschlichen
Körper zurück. Sie verschmelzen perfekt miteinander. Du fühlst dich
vollkommen glücklich und friedlich. Du weißt, dass du all die Harmonisierung, die du in der Sirius-Sphäre erfahren durftest, in deinen
menschlichen Körper einbinden wirst. Ein tiefes Gefühl der Freiheit
breitet sich von deinem Herzchakra aus in deinem gesamten Körper
aus.
Seraphim Michael verabschiedet sich von dir. Lasse dir Zeit, genieße deine Gefühle, und nimm dein Umfeld aus einem neuen Blickwinkel wahr.

Orion-Sphäre

Seelensphäre:	Orion
Begleitender Engel:	Seraphim Uriel
Erste Manifestation:	vor 3,5–3 Milliarden Jahren
Bekannter Avatar:	Avatar Buddha, Avatar Grace
Vorsteher Avatar:	Avatar Oronape
Ort der Manifestation:	Indien, Asien
Unterste Dimension:	5. Dimension, 8. Ebene
Weitere Seelengruppen:	Gomyth, sphärischer Oberton

Allgemein

In der Orion-Sphäre wirkt die Gabe der kreativen künstlerischen Baukunst, der baulichen Ausdrucksform. Hier ist die göttliche Schaffenskraft oder Schöpferkraft in allen Variationen zugegen. Die meisten Kathedralen und Schlösser auf der Erde wurden von Orianern erbaut. Ganz zu schweigen von den prachtvollen Prunkbauten in Indien (Taj Mahal) oder im Orient. Die Orianer sind ruhige und gelassene Wesen. Sie leben einen ausgesprochen »englischen Humor«. Mit ihrer ausdrucksstarken Musik gestalten sie ihr materielles Umfeld. Durch ihre innere Gelassenheit gibt es in dieser Seelensphäre keine Form von Stressituationen. Die Orianer sind Meister im gedanklichen Erschaffen. Sie erscheinen als ausnehmend bescheidene Wesen. Sie zeigen sich außerordentlich genügsam und überaus großzügig.

Allgemeine Botschaft

Die Orion-Sphäre eröffnet dir die Kreativität des Ausdrucks und der Fantasie. Die unendliche Schöpferkreativität strömt aus dieser Sphäre direkt in deine Ideenwelt. Die göttliche Ästhetik in allen Formen und Klängen zu erfahren, ist ein göttliches Schöpfungsprinzip. Die Orion-Sphäre lehrt dich, deinen eigenen Körper-Ton zu erfahren und zu nutzen.

Energieform und Charakteristika der Sphäre

Schöpferkraft der Kreativität | Struktur | Zufriedenheit | Gelassenheit | Strenge | Zielstrebigkeit | heitere Ruhe | Kraft für Neuanfänge | innere Stärke | gemeinsames Erschaffen | Gedankenkraft | Meditation | Vorstellungsvermögen | Großzügigkeit | Genügsamkeit | Reichtum | Romantik | Ästhetik | Künstlertum | bombastische Musik

Wirkt unterstützend bei …

Verwirrtheit | Teilnahmslosigkeit | psychischem Stress | nicht gelebter Charakterstärke | Rechthaberei | innerer Unruhe | Angst | mangelnder Fantasie | Verschwendungssucht | Geiz | Aggressivität

Unterstützt folgende Berufe/Berufsfelder im Besonderen

Architekt, Musiker, Tontechniker, Fernsehtechniker, Instrumentenbauer, Sänger, Designer, Lehrer für bildende Künste, Maler, Immobilienfachmann, Künstler, Sportlehrer, Yogalehrer, Autor, Konditor, Koch, Werbedesigner, Dekorateur

Themen der Orion-Sphäre

Kreativität und Schöpferkraft

In der Energie der Orion-Sphäre finden die kreativen Künste ihre Heimat, sowohl was die bauliche Ausdrucksform anbelangt als auch jede andere Form der Kunst. Der fantastische Schaffenswille ist in der Orion-Sphäre in allen Dimensionen vorhanden.

Botschaft für DICH

Wecke in dir die Lust und das Verlangen, kreativ zu sein. Nutze die Energie der Orion-Sphäre, um dich aufzurichten, sichtbar zu werden und Antriebslosigkeit zu überwinden.

Neue Seiten in sich entdecken

Die Orion-Sphäre ist filigran in ihren Schöpfungen. Die feinen und gleichzeitig monumentalen Formen offenbaren eine bezaubernde, wundervolle Anmut. Das Erschaffen von immer neuem Ausdruck ist überwältigend. Die Kreativität und die Fantasie sind unendlich. Die Orion-Sphäre ist in stetigem Wandel. Keine Sekunde steht die Energie still. Bilder entstehen, wachsen und verfallen, entstehen neu und verlaufen in eine neue Form.

Botschaft für DICH

Empfindest du dich als zu grob, klein, dick, groß, dünn oder laut, dann unterstützt dich die orianische Energie beim Entdecken deiner zarten oder kraftvollen, mächtigen Seite. Steht dein Leben still, gibt sie dir neuen Schwung.

Freiheit und Veränderung

Die gesamte Sphäre ist sehr flexibel. Nichts ist starr oder ewig!

Botschaft für DICH

Lasse los, was dir nicht mehr dienlich ist, und werde frei.

Übungsimpulse und -hinweise zur Kontaktaufnahme mit der Orion-Sphäre

- Verbinde dich geistig mit dem Namen »Orion-Sphäre«, oder meditiere mit der Energie.
- Lege deine linke Hand auf dein Herzchakra, und singe.
- Lege deinen Zeigefinger auf dein Drittes Auge, und töne.
- Kommuniziere mit dem Vorsteher Oronape oder mit Seraphim Uriel.
- Falls es dir einmal an Kreativität mangelt, verbinde dich mit der Orion-Sphäre. Doch bitte sei achtsam. Lasse die Energie langsam wirken. Zu hitzige Kreativität lähmt.
- Benötigst du neue Ideen für deine Projekte, verbinde dich mit Avatar Oronape. Er ist der Meister für Manifestation.
- Leidest du unter Mangeldenken, verbinde dich mit der Orion-Sphäre.
- Willst du deine Selbstheilungskräfte aktivieren oder verbessern, verbinde dich mit der Orion-Sphäre.
- Willst du eine kosmische Energie auf der Erde manifestieren, produziere ein Bild in dir, und töne dazu. Durch den Ton wird dein Gedanke ins irdische Matrixfeld übertragen.

Die Übungen werden dich intensiver mit der Energie der Orion-Sphäre verbinden. Bei regelmäßiger Anwendung ist eine Verbesserung deines Lebensgefühls und Wohlbefindens deutlich spürbar. Bei stetigem Ausüben kann es geschehen, dass ein Orianer oder das Gomythwesen aus der Orion-Sphäre persönlich Kontakt zu dir aufnimmt.

Meditation: Orion-Sphäre

Lege dich bequem auf eine dir angenehme Unterlage. Atme ein und aus, bis sich dein ganzer Körper in harmonischem Einklang mit deinem Atem bewegt. In diesem Augenblick nimmst du wahr, wie deine geistigen Sinne erwachen, und du richtest deinen Blick nach innen. Seraphim Uriel ist bei dir, an deiner Seite. Er erklärt dir, dass er dir das Geschenk einer Astralreise in die Orion-Sphäre macht. Seraphim Uriel hebt in diesem Augenblick deinen Astralkörper aus deinem menschlichen Körper und erhöht die Schwingung behutsam. Eure gemeinsame Astralreise in die Orion-Sphäre hat begonnen.

Deine inneren Sinne nehmen eine veränderte Schwingung wahr, und Seraphim Uriel erklärt dir, dass ihr im Energiefeld der Orion-Sphäre angekommen seid. Er bittet dich, deine Astralaugen langsam zu öffnen. Behutsam beginnst du, die Umgebung der Orion-Sphäre zu betrachten. Seraphim Uriel hält dich an der Hand und legt einen seiner wunderschönen Flügel um dich. Gemeinsam beschreitet ihr den Weg in der Orion-Sphäre. Verzaubert betrachtest du die Umgebung.

Vier Orianer erwarten euch freudig. Sie begrüßen dich sanftmütig mit einer Umarmung. Seraphim Uriel reicht dir seine Hand. Du wendest deinen Blick in die Richtung, in die auch Seraphim Uriel schaut, und siehst ein Gebäude, das in hellem Glanz vor dir erstrahlt. Es ist das schönste Gebäude, das du jemals gesehen hast. Seraphim Uriel und die Orianer begleiten dich zu diesem Gebäude – schon nach wenigen Schritten seid ihr angekommen. Es gleicht einer beeindruckenden weißen Moschee. Ein Flügeltor wird sichtbar, das von allein aufschwingt.

Du betrittst mit den Orianern und Seraphim Uriel dieses faszinierende Gebäude, das nur aus einem einzigen gigantischen Raum besteht. In der Mitte steht ein bezaubernd geformter Altar aus einem elfenbeinähnlichen Material. Seraphim Uriel begleitet dich zum Altar und hilft dir, dich bequem hinzulegen. Die Orianer stellen sich rechts und links von dir auf, Seraphim Uriel stellt sich an dein Kopfende. Er spricht auf beruhigende Weise mit dir, und du entspannst dich vollkommen.

In diesem Augenblick fühlst du, wie du behutsam in den Altar einsinkst, ganz sanft. Das elfenbeinähnliche Material umhüllt deinen Astralkörper. Seraphim Uriel und die Orianer legen ihre Hände auf den Altar und beginnen, leise zu summen. Jeder summt in einer anderen Tonlage und eine andere Melodie. Auf faszinierende Weise verschmelzen die Melodien zu einer wunderschönen Sinfonie.

In diesem Augenblick beobachtest du, wie das elfenbeinähnliche Material ein Gebäude in dir entstehen lässt. Es ist das Gebäude, das dir Stabilität verleiht, das Gebäude in dir, das dir für deine innersten Gefühle Schutz bietet. Das Gebäude in dir, das dich aufrecht und erhaben durch deine Inkarnation gehen lässt. Das Gebäude, das dich in allen Lebenssituationen behütet.

Nach einer Weile verabschieden sich das Gebäude und der Altar von dir, und du schwebst nach oben. Du bleibst noch einen kleinen Moment ruhig liegen und genießt in Glückseligkeit dein Geschenk. Ein Orianer reicht dir seine Hände, er hilft dir, vom Altar zu steigen. Gemeinsam schreitet ihr aus dem Gebäude, das sein Tor langsam hinter euch zugleiten lässt. Seraphim Uriel gibt dir zu verstehen, dass es Zeit ist, Abschied aus der Orion-Sphäre zu nehmen. Er breitet seine weichen Flügel um dich, und du fühlst dich umhüllt und getragen. Seraphim Uriel fängt an, die Schwingung aus der Orion-Sphäre langsam zu verringern und deine Schwingung der Erdschwingung anzugleichen. In diesem Augenblick seid ihr ins irdische Schwingungsfeld eingetaucht. Seraphim Uriel legt deinen Astralkörper vollständig in deinen menschlichen Körper zurück. Sie verschmelzen perfekt miteinander. Du fühlst dich vollkommen glücklich und friedlich. Du weißt, dass du all die Harmonisierung, die du in der Orion-Sphäre erfahren durftest, in deinen menschlichen Körper einbinden wirst. Ein tiefes Gefühl der Freiheit breitet sich von deinem Herzchakra aus in deinem gesamten Körper aus.

Seraphim Uriel verabschiedet sich von dir. Lasse dir Zeit, genieße deine Gefühle, und nimm dein Umfeld aus einem neuen Blickwinkel wahr.

Plejaden-Sphäre

Seelensphäre:	Plejaden
Begleitender Engel:	Seraphim Zadkiel
Erste Manifestation:	vor 2,5–2 Milliarden Jahren
Bekannter Avatar:	Avatar Sanat Kumara
Vorsteher:	Avatar Aaron Shiro
Ort der Manifestation:	China
Unterste Dimension:	6. Dimension, 8. Ebene
Weitere Seelengruppen:	Kwajojin

Allgemein

Die Energie der Plejader ist besonders leise und tiefgründig. Alle Arten kosmischen Fühlens und Denkens über den Sinn des göttlichen Seins kommen aus dieser Seelensphäre. Wer, wie, was, wo, warum bin ich? Was lasse ich geschehen, welche Energieströme dienen der göttlichen harmonischen Liebe? Wie diene ich mir selbst und hierdurch der Gemeinschaft? Was geschieht im kosmischen Schöpfungsakt? Plejader diskutieren in unendlicher Freude und Gedankenfreiheit über jedes Thema. Sie begegnen sich in Gruppen, lösen sich wieder auf und begegnen sich mit dem gleichen Thema neu. Alle Sichtweisen eines Themas, eines Wortes, eines Gefühls und so weiter, werden von ihnen mit sagenhafter Geduld betrachtet. Plejader fallen einem anderen Wesen niemals ins Wort oder in die Gedanken, und sie sind hervorragende Zuhörer.

Allgemeine Botschaft

Die Plejaden-Sphäre schenkt dir die Macht der Philosophie und der Worte. Die unerschöpflichen Möglichkeiten, Buchstaben, Farben und Bewegungen in Sprache zu wandeln, sind fantastisch. Du bekommst die Chance, deinen Gefühlen und Emotionen mit den richtigen Worten Ausdruck zu verleihen. Die Energie der Plejaden hilft dir, in allen Situationen die richtigen Worte zu finden.

Energieform und Charakteristika der Sphäre

kosmisches Denken/Fühlen | Philosophieren | Ruhe/Stille | Wissen um die Unendlichkeit | Offenheit | inneres Gleichgewicht | positive Kommunikation | Dichtkunst | Leidenschaft

Wirkt unterstützend bei …

Sprachstörungen | Unkonzentriertheit | eingeschränktem Denkvermögen | Gefühllosigkeit | Gelenkschmerzen | negativer Kommunikation | Zeitdruck | Schreibblockaden | fehlender Lust auf Unternehmungen | Stottern | Oberflächlichkeit | Angst, die eigene Meinung auszusprechen

Unterstützt folgende Berufe/Berufsfelder im Besonderen

Schriftsteller, Lektor, Buchverleger, Philosoph, Geschichtenerzähler, Literaturprofessor, Dichter, Psychiater, Psychologe, Mediator, Sekretär, Diplomat, Politiker, Lehrer, Journalist, Radio-/Fernsehmoderator

Themen der Plejaden-Sphäre

Meisterschaft

Die Plejaden-Sphäre zeigt Tiefe und Stille. Alles geht behutsam und in Ruhe seinen Weg. Alles hat seinen Raum, in dem es sich frei bewegen kann. Es ist natürlich, nach dem Höheren zu streben. Das ist unsere Fahrkarte in die eigene Meisterschaft.

Botschaft für DICH

Du erhältst das Geschenk der Freiheit. Du kannst deinen Platz und Raum überall einnehmen. Zugleich führt dich die Energie der Plejaden in die Tiefe deines Daseins und begleitet dich zu deinen Gefühlen und deiner Weisheit.

Kommunikation

In der Kommunikationssphäre stehen die Gespräche niemals still. Alle kosmischen Themen werden hier in allen Betrachtungsweisen erörtert und behandelt. Das Beisammensein verläuft fließend, und die Gesprächspartner wechseln je nach ihrem Empfinden. Es gibt kein »Muss«, sondern immer ein »Ich will«. Debatten finden in Ruhe und Achtsamkeit statt, jedes Wesen darf so lange sprechen, bis es nichts mehr zu sagen hat. Daher ist es möglich, dass sich ein Thema über Jahrtausende hinzieht.

Botschaft für DICH

Du erhältst den Mut, allen deine Wahrheit mitzuteilen. Sprichst du vor vielen Menschen, hilft dir die Energie der Plejaden, deine Nervosität zu überwinden. Gleichzeitig hilft sie dir, ein wirklicher Zuhörer zu werden und die Tiefe des gesprochenen Wortes zu erfassen.

Ausdruck von Gefühlen

Gefühle in Worte zu fassen oder einem Gefühl Ausdruck zu verleihen, entspringt der Energie der Plejaden. Ausdruck in Form von Sprache, Handlungen, Mimik, Krankheit … die Liste ließe sich unendlich fortsetzen.

Botschaft für DICH

Du wirst unterstützt, festgefahrene Kommunikationsmuster zu überwinden, vertrauensvoll in Freude und Gesundheit deine Wahrheit zu leben und ihr auf allen Kommunikationswegen Ausdruck zu verleihen.

Übungsimpulse und -hinweise zur Kontaktaufnahme mit der Plejaden-Sphäre

- Verbinde dich geistig mit dem Namen »Plejaden-Sphäre«, oder meditiere mit der Energie.
- Lege deine linke Hand auf dein Herzchakra, und sprich Worte, die dir wichtig sind.
- Lege deinen Zeigefinger auf dein Drittes Auge, und denke an das, was du manifestieren willst.
- Kommuniziere mit dem Vorsteher Aaron Shiro oder mit Seraphim Zadkiel.
- Bei Kontakt mit dieser Sphäre konzentriere dich auf friedvolle Kommunikation.
- Viele Kwajojin sind für unsere irdischen Körper wichtig. Falls du körperlich in Disharmonie geraten bist durch zu wenig oder zu viel Kwajojin, verbinde dich mit den Plejaden.
- Hast du das Gefühl, du bist immer der/die Letzte, ganz gleich in welcher Weise, dann verbinde dich mit der Plejaden-Sphäre.
- Genieße die plejadische Sphäre, indem du Gedichte liest oder Musik hörst. Erkenne die Kraft, die in dir entsteht, sobald du z. B. die Worte laut aussprichst.

- Plejader sind Meister darin, Streitsituationen ohne negative Gefühle zu beenden. Willst du aus belastenden Situationen aussteigen, verbinde dich mit einem Plejader.
- Hast du Probleme, die richtigen Worte zu finden, verbinde dich mit den Plejaden.
- Manchmal ist der richtige Zeitpunkt für ein Gespräch noch nicht gekommen. Hier kannst du ebenso einen Plejader bitten, dich zu unterstützen.

Die Übungen werden dich intensiver mit der Energie der Plejaden-Sphäre verbinden. Bei regelmäßiger Anwendung ist eine Verbesserung deines Lebensgefühls und Wohlbefindens deutlich spürbar. Bei stetigem Ausüben kann es geschehen, dass ein Plejader oder das Kwajojinwesen aus der Plejaden-Sphäre persönlich Kontakt zu dir aufnimmt.

Meditation: Plejaden-Sphäre

Lege dich bequem auf eine dir angenehme Unterlage. Atme ein und aus,
bis sich dein ganzer Körper in harmonischem Einklang mit deinem Atem bewegt.
In diesem Augenblick nimmst du wahr, wie
deine geistigen Sinne erwachen, und du richtest
deinen Blick nach innen. Seraphim Zadkiel ist bei dir,
an deiner Seite. Er erklärt dir, dass er dir das Geschenk einer
Astralreise zur Plejaden-Sphäre macht. Seraphim Zadkiel hebt in diesem Augenblick deinen Astralkörper aus deinem menschlichen Körper und erhöht
die Schwingung behutsam. Eure gemeinsame Astralreise in die Plejaden-
Sphäre hat begonnen.

Deine inneren Sinne nehmen eine veränderte Schwingung wahr, und
Seraphim Zadkiel erklärt dir, dass ihr im Energiefeld der Plejaden angekommen seid. Er bittet dich, deine Astralaugen langsam zu öffnen.
Behutsam beginnst du, die Umgebung der Plejaden-Sphäre zu betrachten. Seraphim Zadkiel hält dich an der Hand und legt einen
seiner wunderschönen Flügel um dich. Dein Blick schweift über die
weite, leicht hügelige Szenerie, die in einem zart schimmernden Violett erstrahlt. Dezent angedeutete Wege erstrecken sich kilometerweit
über die Landschaft der Plejaden. Gemeinsam beginnt ihr, über die
nur hauchzart erkennbaren Wege zu wandeln.

Deine Gedanken befreien sich von vielen kleinen negativen Strömun-
gen. Seraphim Zadkiel bleibt stehen, und du hörst hinter dir freund-
liches, leises Gemurmel, das von einer Gruppe Plejadern ausgeht. Sie
kommen graziös schreitend auf euch zu. Ein Plejader stellt sich behutsam neben dich, nimmt deine Hand und begleitet dich zum Baum der
reinen Gedanken. Voller Vorfreude gibst du deine Zustimmung. Der
sich sanft windende Pfad zieht sich steiler auf eine Anhöhe. Oben angekommen überwältigt dich die paradiesische Aussicht. Die formvollende-
te Talsenke ist harmonisch mit ihrer Umgebung verwoben, und in ihrer
Mitte präsentiert sich majestätisch der gigantische Baum der reinen Ge-

danken. Der Stamm des Baumes glänzt silbriglila. Er schimmert und leuchtet magisch von innen heraus. Der Baum strahlt aktive, pulsierende Lebenskraft aus. Seine hängenden silbernen Äste berühren fast den Boden und wiegen sacht im lauen Wind.

Du bleibst stehen und betrachtest die Äste des Baumes eingehender. Pulsierende Energie fließt durch sie. Die Plejader schieben sanft einige Äste beiseite und eröffnen hierdurch einen Durchgang zum Stamm des Baumes. Seraphim Zadkiel nimmt deine Hand, und gemeinsam durchschreitet ihr feierlich die Baumkathedrale, bis ihr am Baumstamm ankommt. Du genießt einen Moment die Energie des zauberhaften Wesens und nimmst am Stamm Platz. Umgehend beginnt die exquisite und gefühlvolle Energie, dich zu durchströmen, und all deine negativen und schmerzlichen Gedanken verlassen dich. Die filigranen Äste des Baumwesens beginnen, zaghaft hin und her zu schwingen, und ihre hauchzarten Berührungen unterstützen dich dabei, alle Negativität aufzugeben. Du nimmst wahr, wie die silbern-violette Energie des Baumes in dich einfließt und dich erfrischt. Nach einer Weile löst der Baum der reinen Gedanken zaghaft seine Äste von dir.

Seraphim Zadkiel gibt dir zu verstehen, dass die Zeit des Abschieds von der Plejaden-Sphäre gekommen ist. Er breitet seine weichen Flügel um dich, und du fühlst dich umhüllt und getragen. Seraphim Zadkiel fängt an, die Schwingung der Plejaden langsam zu verringern und deine Schwingung der Erdschwingung anzugleichen. In diesem Augenblick seid ihr ins irdische Schwingungsfeld eingetaucht. Seraphim Zadkiel legt deinen Astralkörper vollständig in deinen menschlichen Körper zurück. Sie verschmelzen perfekt miteinander. Du fühlst dich vollkommen glücklich und friedlich. Du weißt, dass du all die Harmonisierung, die du in der Plejaden-Sphäre erfahren durftest, in deinen menschlichen Körper einbinden wirst. Ein tiefes Gefühl der Freiheit breitet sich von deinem Herzchakra aus in deinem gesamten Körper aus.

Seraphim Zadkiel verabschiedet sich von dir. Lasse dir Zeit, genieße deine Gefühle, und nimm dein Umfeld aus einem neuen Blickwinkel wahr.

Larimar-Sphäre

Seelensphäre:	Larimar
Begleitender Engel:	Seraphim Metatron
Bekannter Avatar:	Avatar Siry
Vorsteher:	Avatar Alewar
Erste Manifestation:	vor 2,5 Milliarden Jahren
Ort der Manifestation:	Indien
Unterste Dimension:	7. Dimension, 5. Ebene
Weitere Seelengruppen:	Ponom

Allgemein

Die Seelensphäre Larimar ist voller Hingabe an das göttliche Sein in uns. Die Narays (Lichtwesen) tragen in sich das Wissen des »ICH BIN IN GOTT«. Die Narays leben das Individuelle in sich und gleichzeitig das erhabene Gemeinschaftliche. Sie achten in hohem Maße auf sich selbst, und im selben Augenblick achten sie auf die Schöpfung. Sie haben verinnerlicht, dass alle Wesen ein Gesamtes ergeben. Nur wer weiß, dass wir alle göttlich sind, kann die wahrhaftig ehrliche Liebe in jedem erkennen. In Larimar wird viel meditiert, um das bewusste Sein vollkommen auf die göttliche Schöpfung in allen Universen zu richten. Narays verweben alle Universen miteinander.

Allgemeine Botschaft

Larimar ist die Sphäre der bewusstseinserweiternden Meditation. Das geschieht mit unschuldiger Kindlichkeit. Die Wesen der Larimar-Sphäre geben sich dir hin, und ihre Energie ist absolut erwartungslos. In der Larimar-Sphäre wird Gemeinschaft in der Individualität gelebt. Konzentriere dich auf die Hinwendung zu Gott, und vergiss dabei vollkommen deine irdische Umgebung.

Energieform und Charakteristika der Sphäre

tiefe Meditation | Hingabe zur Schöpfung | Geborgenheit | Zentrierung | Wissen um das »Ich Bin« | gedankliche Freiheit | Führungsqualität | göttliches Verständnis | Erinnerung an die liebende Einheit | sanfter Mut | Entdecken der Spiritualität | Lichtkörper

Wirkt unterstützend bei …

Sterbebegleitung | Zerstreutheit | Angst vor der eigenen Spiritualität | psychischen Traumata | Verlust der eigenen spirituellen Identität

Unterstützt folgende Berufe/Berufsfelder im Besonderen

Umwelt/Tierschützer, jede Art der Forschung, spirituelle Lehrer, Yogalehrer, Raumfahrttechnik, alle handwerklichen Berufe

Themen der Larimar-Sphäre

Göttlichkeit

Larimar präsentiert eine unbeschreibliche Hingabe an die eigene Essenz in Gott. Die Wesen dieser Sphäre sind voller Hinhabe an alles, was ihnen begegnet. Sie stellen nichts infrage und nehmen alle Gegebenheiten als unausweichliche Folge des Universums und seiner Polarität hin. Sie sind die Meister der göttlichen Meditation.

Botschaft für DICH
Meditiere, und erinnere dich an DEINE GÖTTLICHKEIT.

All-eins-Sein

Die Sphäre zeigt die Kindlichkeit in allen Formen. Sie zeigt Unschuld und Offenheit für alles. In Larimar gibt es kein »Mein« und »Dein«, sondern nur »Unser«. Bewertungen kennen die Wesen nicht. Sie sind achtsam allem gegenüber, besonders in Bezug auf die kosmische Schöpfung.

Botschaft für DICH
Steige aus jeglichem Mangeldenken aus. Dir gehört nichts, außer deiner Seele. Dir gehört alles, denn du bist ein Teil des Ganzen.

Sphärenwanderung

Alle Wesen in Larimar lieben ohne Vorbehalte und geben sich allem hin. Sie sind die Meister der Sphärenwandlung und Sphärenwanderungen. Sie verweben Universen und halten durch ihre Gedankenkraft Kontakt mit ihnen. So verliert unser Universum niemals den Bezug zur Einheit und anderen Wesen, die außerhalb unseres Kosmos leben.

Botschaft für DICH

Unternimm Sphärenwanderungen. Larimar unterstützt dich, sofern du durch Meditation Kontakt zu den fein schwingenden, hohen Ebenen aufnehmen willst.

Übungsimpulse und -hinweise zur Kontaktaufnahme mit der Larimar-Sphäre

- Verbinde dich geistig mit dem Namen »Larimar-Sphäre«, oder meditiere mit der Energie.
- Lege deine linke Hand auf dein Herzchakra, und singe.
- Lege deinen Zeigefinger auf dein Drittes Auge, und meditiere.
- Kommuniziere mit dem Vorsteher Alewar oder mit Seraphim Metatron.
- Willst du deine Bewusstwerdung beschleunigen, verbinde dich mit Avatar Alewar.
- Bei Unzufriedenheit oder Aggressivität hilft dir die Energie von Larimar, ruhiger zu werden.
- Fühlst du bezüglich deines Körpers Scham oder Scheu, verbinde dich mit einem Naray.
- Arbeitest du mit Narays, so sei dir bewusst, dass sie niemals lehren oder dir etwas zur Verfügung stellen, außer das Vertrauen, dass du zu allem fähig bist, was du dir wünschst.
- Willst du einen Bewusstwerdungsprozess nach Art der Narays vollbringen, bitte sie, dir ihre kraftvolle Energie der Meditation zu erklären. Dazu musst du nichts weiter tun, als sie wirken zu lassen.
- Willst du deine Meisterschaft erreichen, ist eine Inkarnation in die Larimar-Sphäre anzuraten. Dein Geburtsengel bringt dich zur Inkarnation in jede Seelensphäre.
- In Larimar lernst du, selbstständig deinen Erleuchtungsweg zu beschreiten. Du bist in der Sphäre nicht versucht, um Unterstützung zu bitten. Du weißt, es gibt keine. Bist du noch nicht bereit, auf die Weise zu handeln, ist von einer Inkarnation abzuraten.

Die Übungen werden dich intensiver mit der Energie der Larimar-Sphäre verbinden. Bei regelmäßiger Anwendung ist eine Verbesserung deines Lebensgefühls und Wohlbefindens deutlich spürbar. Es ist eher unwahrscheinlich, dass ein Wesen aus der Larimar-Sphäre persönlich Kontakt aufnimmt, jedoch ist es nicht ausgeschlossen.

Meditation: Larimar-Sphäre

Lege dich bequem auf eine dir angenehme Unterlage. Atme ein und aus, bis sich dein ganzer Körper in harmonischem Einklang mit deinem Atem bewegt. In diesem Augenblick nimmst du wahr, wie deine geistigen Sinne erwachen, und du richtest deinen Blick nach innen. In diesem Augenblick ist Seraphim Metatron bei dir, an deiner Seite. Er erklärt dir, dass er dir das Geschenk einer Astralreise nach Larimar macht. Seraphim Metatron hebt in diesem Augenblick deinen Astralkörper aus deinem menschlichen Körper und erhöht die Schwingung behutsam. Eure gemeinsame Astralreise in die Larimar-Sphäre hat begonnen.

Deine inneren Sinne nehmen eine veränderte Schwingung wahr, und Seraphim Metatron erklärt dir, dass ihr im Energiefeld von Larimar angekommen seid. Er bittet dich, deine Astralaugen langsam zu öffnen. Seraphim Metatron hält dich an der Hand und legt einen seiner wunderschönen Flügel um dich. Behutsam öffnest du deine ätherischen Augen und lässt deinen Blick fasziniert über diese bezaubernde Landschaft schweifen. Durch die hohe Schwingung verschwimmen die scharfen Konturen, und dich überkommt das Gefühl, in einem Traumland zu sein, in dem du nichts berühren oder festhalten kannst. Gemeinsam beschreitest du mit Seraphim Metatron einen Weg, der sich in dem Augenblick vor euch manifestiert, in dem ihr eure Schritte wählt. Bei jedem Schritt entstehen mehrere Pfade, die dir die Entscheidung überlassen, welchen du wählst. Berauscht von der Schwingung, schaust du fasziniert zu, wie sich die Pfade manifestieren und gleich wieder auflösen, sofern ihr den Weg nicht beschreitet.

In der Ferne wirst du einer Gruppe gewahr, die ihren Blick auf dich und Seraphim Metatron gerichtet hat. Es sind Narays, die Lichtwesen aus der Seelensphäre Larimar. Gemeinsam mit Seraphim Metatron verharrst du einen kurzen Moment auf der Stelle, ihr wartet, bis die Narays bei euch angekommen sind. Von den Gesichtern der Narays geht ein überdimensionales friedvolles Leuchten aus. Sie umringen dich, ohne dich einzuengen, und nehmen dich wie auch Seraphim Metatron in ihre Mitte. Gemeinsam manifestiert ihr einen lichten Weg, an dessen Ende ein gigantisches Energiezentrum flimmert. Dieses kolossale Energiezentrum sendet machtvolle Wellen des Friedens aus. Du kannst die mächtige Schwingung des Energiezentrums erkennen, da es orkanartig vibriert.

Im nächsten Moment befindet ihr euch am Rande des Schwingungsfeldes. Die Narays berühren dich zaghaft und geben dir zu verstehen, dass du, um ins Energiezentrum eintauchen zu können, deinen ätherischen Körper nicht benötigst. Deine göttliche Seele darf ohne Hüllen und Masken ihre Heilkraft erfahren. Deine ätherischen Hüllen gleiten von dir ab, ohne dass du handeln musst, deine Absicht, es geschehen zu lassen, genügt, damit es geschieht. Je mehr du das Zentrum der Energiequelle in dich eindringen lässt, desto intensiver wird die Vibration der Schöpferenergie in dir, während zur gleichen Zeit eine angenehme Stille und gefühlvolle Ruhe in dir ihren Raum einnimmt. Der göttliche Energiemittelpunkt durchflutet deine Seele immer mehr, bis dich die göttliche Schwingung vollkommen auskleidet. Du bist die göttliche Energiequelle. Die Narays fordern dich einfühlsam auf, alle Gedanken, die mit der irdischen Ebene verbunden sind, zu verabschieden. Seraphim Metatron sendet eine Welle des Mutes aus, durch die du dich vollkommen von der irdischen Gedankenillusion löst – zum ersten Mal nimmst du deine wahrhaftige Liebesseele wahr. Die anmutige Präsenz deiner Seele offenbart sich dir urplötzlich. Die erleuchtende Erkenntnis, dass du die Liebe in der reinsten Form bist, überwältigt dich. Das hoch schwingende Energiezentrum fließt gemächlich aus dir heraus, während du bedächtig zum Rand des Energiefeldes schwebst. Die Narays, Seraphim Metatron und du, ihr nehmt langsam wieder eure ursprüngliche Form an. Die Narays schenken dir ein bezauberndes, kindliches Lächeln und berühren mit den Fingerspitzen dein Herzchakra.

Seraphim Metatron gibt dir zu verstehen, dass die Zeit des Abschieds von Larimar gekommen ist. Er breitet seine weichen Flügel um dich, und du fühlst dich umhüllt und getragen. Seraphim Metatron fängt an, die Schwingung von Larimar langsam zu verringern und deine Schwingung der Erdschwingung anzugleichen. In diesem Augenblick seid ihr ins irdische Schwingungsfeld eingetaucht. Seraphim Metatron legt deinen Astralkörper vollständig in deinen menschlichen Körper zurück. Sie verschmelzen perfekt miteinander. Du fühlst dich vollkommen glücklich und friedlich. Du weißt, dass du all die Harmonisierung, die du in Larimar erfahren durftest, in deinen menschlichen Körper einbinden wirst. Ein tiefes Gefühl der Freiheit breitet sich von deinem Herzchakra aus in deinem gesamten Körper aus.

Seraphim Metatron verabschiedet sich von dir. Lasse dir Zeit, genieße deine Gefühle, und nimm dein Umfeld aus einem neuen Blickwinkel wahr.

Sun- & Star-Sphäre

Seelen-Sphäre:	Sun & Star
Begleitender Engel:	Seraphim Sandalphon
Erste Manifestation:	vor 2–1,5 Milliarden Jahren
Bekannter Avatar:	Lord Zorchey, Lady Xyna
Vorsteher:	Avatar Sora
Ort der Manifestation:	kein fester Bezugspunkt auf der Erde
Unterste Dimension:	1. Dimension bis 12. Dimension
Weitere Seelengruppen:	Asteroiden, Kometen

Allgemein

Sun & Star ist genau genommen keine Seelensphäre. Ihre Wesen schlossen sich zu einem lockeren Verbund zusammen. Wir auf der Erde nennen sie Galaxien oder Sonnensysteme. Die Wesen besitzen unterschiedliche Charaktere. Für sie ist es unangenehm, mit anderen Wesen verbunden zu sein. Kometenwesen oder auch Asteroidenwesen leben unabhängig von allen Energien im

Universum. Die Selbstverantwortung ist ihnen wichtig, und das Wissen darüber stellen sie dem gesamten Kosmos zur Verfügung. Die Wesen der Sphäre vermeiden tiefe Bindungen zu jeglichen Wesen. Ihre Eigenständigkeit trägt viel zum Bewusstwerdungsprozess im Universum bei.

Allgemeine Bedeutung

Sun- & Star ist die Sphäre der Selbstständigkeit und Freiheit. In keiner anderen Sphäre wird die Selbstverantwortung in solch einem Ausmaß gelebt. Sie verkörpert die Unabhängigkeit schlechthin. Alle Menschen dürfen unterschiedliche Charaktere besitzen – Vielfältigkeit ist ein göttliches Grundprinzip. Du musst nicht wie alle anderen sein. Schwimme gegen den Strom, wenn du es willst.

Energieform und Charakteristika der Sphäre

Selbstbewusstsein | Selbstreflexion | Erkennen und Akzeptieren von Schwächen | Erkennen des eigenen Weges | Selbstbestimmung | Akzeptanz des Gegenübers | experimentelle Kreativität | selbstverantwortlich seinen Weg suchen und finden | Lösungsorientiertheit | ehrliche Freundschaft | zielorientierte Kommunikation | über sich selbst lachen | Achten der eigenen Individualität | Mut, NEIN zu sagen

Wirkt unterstützend bei …

Auflösung von Opfer-Täter-Rollen | Verleugnung der eigenen Kräfte | Resignation | Mangeldenken | Sehnsucht nach Partnerschaft | Angst vor dem Alleinsein | mangelndem Selbstwert | Selbstüberschätzung | Ablehnen der Eigenverantwortung | Aggression | eigenständig Lösungen finden

Unterstützt folgende Berufe/Berufsfelder im Besonderen

Sie unterstützen alle auf Wunsch.

Themen der Sun & Star-Sphäre

Den persönlichen Rhythmus leben

Sun & Star erscheint in der Sphäre, als hätte Gott einen riesigen Beutel gefüllt mit leuchtenden Diamanten, die er im Kosmos verteilt. Manchmal gibt es Ansammlungen von Wesen, manchmal durchstreift ein Wesen allein den Kosmos. Sie rasen durchs Universum oder trödeln vor sich hin. Alle Sun- & Star-Wesen leben ihren Charakter vollkommen aus. Alles ist möglich.

Botschaft für DICH

Entscheide dich, welchen Weg du gehen willst. Du bist frei, alles in Bewegung zu bringen, langsam oder schnell. Finde deinen Rhythmus. Du kannst nicht scheitern, nur Erfahrungen sammeln.

Selbstvertrauen

Die Sun- & Star-Sphäre wendet sich allen Wesen zu, niemand wird ausgeschlossen. Alle Wesen sind gleichberechtigt von der ersten bis zur zwölften Dimension. Je nach Situation entstehen explosive Situationen im Kosmos, und die Wesen liefern sich grandiose und spektakuläre Verfolgungsjagden. Manchmal findet eine überwältigende Verschmelzung statt, ein andermal eine Aufspaltung der Seelen.

Botschaft für DICH

Sei mutig, und stelle dich allen Situationen. Wandle die Angst vor Konfrontation in Vertrauen in deine Kraft.

Selbstverantwortung

Bei oberflächlicher Betrachtung kann der Eindruck entstehen, dass die Sun- & Star-Wesen Egoisten sind. Sie besitzen selbstbewusste Charaktere und eine gesunde Portion Egoismus.

Botschaft für DICH

Wahre deine Interessen. Stelle dein Licht nicht hintenan. Gib dich NICHT für andere auf.

Übungsimpulse und -hinweise zur Kontaktaufnahme mit der Sun- & Star-Sphäre

- Verbinde dich geistig mit dem Namen »Sun- & Star-Sphäre«, oder meditiere mit der Energie.
- Lege ein Stück Gold auf dein Herzchakra, und bitte ein Sonnenwesen, sich mit dir zu verbinden.
- Lege ein Stück Silber auf dein Drittes Auge, und verbinde dich mit einem Sternenwesen.
- Kommuniziere mit dem Vorsteher Sora oder mit Seraphim Sandalphon.
- Fürchtest du dich davor, eine Situation genau zu betrachten, verbinde dich mit einem Sternenwesen.
- Kommunizierst du mit der Sun- & Star-Sphäre, sei dir bewusst, dass sie dir Millionen Aspekte aufzeigen und du selbst entscheiden musst, welchen du annimmst.
- Ist es dir ein Bedürfnis, aus einem Projekt auszusteigen, in dem du verbleiben musst, verbinde dich mit der Sun- & Star-Sphäre. Sie wird dich dabei unterstützen, für alle Teilnehmenden den optimalen Weg zu finden.
- Fühlst du dich verletzt, verbinde dich mit einem Sternenwesen. Es wird dir Wege aufzeigen, die Verletzung zu verarbeiten und dich deinem Gegenüber wieder zu öffnen.
- Begegnest du einem Sonnenwesen, ist es vorteilhaft, streng und klar deine Position einzunehmen. Verspürt es einen Hauch von Unsicherheit, nutzt es das gnadenlos aus.
- Willst du Freunden oder deiner Familie den Wunsch auf Rückzug kommunizieren, verbinde dich mit einem Sternenwesen. Es wird dir die passenden Worte übermitteln.

- Fühlst du dich bei einem Entfaltungsprozess allein und traust dich nicht, einen Seraphim oder Avatar um Unterstützung zu bitten, verbinde dich mit einem Planetenwesen.

Die Übungen werden dich intensiver mit der Energie der Sun- & Star-Sphäre verbinden. Bei regelmäßiger Anwendung ist eine Verbesserung deines Lebensgefühls und Wohlbefindens deutlich spürbar. Bei stetigem Ausüben kann es geschehen, dass ein Sternen-, Sonnen- oder auch Planetenwesen aus der Sun- & Star-Sphäre persönlich Kontakt zu dir aufnimmt.

Meditation: Sun- & Star-Sphäre

Lege dich bequem auf eine dir angenehme Unterlage. Atme ein und aus, bis sich dein ganzer Körper in harmonischem Einklang mit deinem Atem bewegt. In diesem Augenblick nimmst du wahr, wie deine geistigen Sinne erwachen, und du richtest deinen Blick nach innen. Seraphim Sandalphon ist bei dir, an deiner Seite. Er erklärt dir, dass er dir das Geschenk einer Astralreise zur Sun- & Star-Sphäre macht. Seraphim Sandalphon hebt in diesem Augenblick deinen Astralkörper aus deinem menschlichen Körper und erhöht die Schwingung behutsam. Eure gemeinsame Astralreise zur Sun- & Star- Sphäre hat begonnen.

Deine inneren Sinne nehmen eine veränderte Schwingung wahr, und Seraphim Sandalphon erklärt dir, dass ihr im Energiefeld von Sun & Star angekommen seid. Er bittet dich, deine Astralaugen langsam zu öffnen. Behutsam beginnst du, die Umgebung der Sun- & Star-Sphäre zu betrachten. Gleich neben dir erblickst du ein fröhliches Kometenwesen. Das Kometenwesen bittet dich, dir eine angenehme Stelle zu suchen und auf ihm Platz zu nehmen.

Du lässt deinen Blick umherschweifen und kannst die Größe und Tiefe dieser Sphäre nicht ermessen. In der Ferne siehst du Planeten, in einem anderen Winkel Sonnen, und direkt vor dir taucht ein Sternenwesen auf. Ein Mondwesen zieht in weiter Ferne seine Kreise und betrachtet sich selbst. Das Kometenwesen, mit dir und Seraphim Sandalphon darauf, beginnt, in flottem Tempo durch die Sphäre zu fliegen. In diesem Augenblick seid ihr bei einem Sonnenwesen angekommen. Das Wesen strahlt dich an und lässt einen winzigen goldenen Funken in dein Kronenchakra fließen. Du betrachtest das Sonnenwesen und kannst seinen Glanz in dich aufnehmen.

Das Kometenwesen begibt sich in flottem Tempo weiter, direkt auf ein Sternenwesen zu. Der Stern betrachtet dich eingehend und sprüht einen Funken, der ein Leuchten auf deiner Haut verursacht. Das Sternenwesen lässt einen weiteren Funken in dein Kronenchakra fließen.

Und weiter geht die Fahrt zu einem riesigen herzlichen Planetenwesen. Dieses Planetenwesen sprüht einen Funken, durch ihn erhältst du Stabilität und Kreativität für dein Leben. Das Planetenwesen lässt einen weiteren Funken direkt in dein Drittes Auge fließen. Hierdurch wird dein Drittes Auge gestärkt und deine Schönheit erweckt. Das Kometenwesen bringt dich zu deinem Ausgangspunkt zurück.

Seraphim Sandalphon gibt dir zu verstehen, dass die Zeit des Abschieds von der Sun- & Star-Sphäre gekommen ist. Er breitet seine weichen Flügel um dich, und du fühlst dich umhüllt und getragen. Seraphim Sandalphon fängt an, die Schwingung von Sun & Star langsam zu verringern und deine Schwingung der Erdschwingung anzugleichen. In diesem Augenblick seid ihr ins irdische Schwingungsfeld eingetaucht. Seraphim Sandalphon legt deinen Astralkörper vollständig in deinen menschlichen Körper zurück. Sie verschmelzen perfekt miteinander. Du fühlst dich vollkommen glücklich und friedlich. Du weißt, dass du all die Harmonisierung, die du in der Sun- & Star-Sphäre erfahren durftest, in deinen menschlichen Körper einbinden wirst. Ein tiefes Gefühl der Freiheit breitet sich von deinem Herzchakra aus in deinem gesamten Körper aus.

Seraphim Sandalphon verabschiedet sich von dir. Lasse dir Zeit, genieße deine Gefühle, und nimm dein Umfeld aus einem neuen Blickwinkel wahr.

Zamarah-Sphäre

Seelensphäre:	Zamarah
Begleitender Engel:	Seraphim Nathaniel
Erste Manifestation:	vor 6–4,5 Milliarden Jahren
Bekannter Avatar:	Lord Tonjash, Lady Mysmej
Vorsteher:	Avatar Laphron
Ort der Manifestation:	Island
Unterste Dimension:	8. Dimension, 10. Ebene
Weitere Seelengruppen:	Drachen, Feuer

Allgemein

Die Wesen der Zamarah-Sphäre sind sehr ehrlich und klar. Sie akzeptieren keine Lügen oder Illusionen. Die Wesen leben asketisch in ihrer Sphäre, und auch auf der Erde kommen sie ohne viel Materielles zurecht. Sie halten sich auf der Erde viel im Freien auf. In der Sphäre herrschen eindeutige Regeln, die niemals gebrochen werden. Dennoch leben die Wesen die Freiheit in allen Bereichen. Die Zamarah-Sphäre verkörpert die Natürlichkeit der eigenen Göttlichkeit. Ihre Wesen verbinden sich auf vollendete Art miteinander. Lichtwesen und Drachen bilden eine Einheit. Das Feuerwesen umhüllt und durchdringt die Sphäre.

Allgemeine Botschaft

Die Zamarah-Sphäre ist die Sphäre der aktiven Handlung zum Wohle Gottes. Keine andere Sphäre ist dergestalt klar und direkt bei der Ausrichtung auf Gott. Sie ist feurig und temperamentvoll in allen Bereichen. Durch die Zamarah-Sphäre kannst du die Natürlichkeit deiner eigenen Göttlichkeit erfahren. Ohne Umwege leben die Wesen der Zamarah-Sphäre die Direktheit im Vollkommenen. Du darfst erfahren, wie es ist, dich mit Gott und allen Wesen EINS zu fühlen.

Energieform und Charakteristika der Sphäre

tiefe universale Verbundenheit | Gradlinigkeit | freiheitsliebend | direkte Kommunikation | Vernunft | Selbstreflexion | aktive Handlung | unnachgiebig | liebevolle Herzlichkeit | Vertrauen | unbarmherzig im Kampf gegen Negativität | reinigend | schonungslose Ehrlichkeit | Schutz gegen Negativität | Kompromisslosigkeit beim Durchsetzen der Wahrheit | naturverbunden | erhaben | stolz | würdevoll

Wirkt unterstützend bei …

Unehrlichkeit | Selbstbetrug | Angst vor der Realität | Selbstreflexion | fehlendem Durchhaltevermögen | Wahrheitsfindung | Realitätsverlust | Angst vor Feuer | Mangeldenken | Wankelmütigkeit | Unsicherheit | mangelndem Selbstwert | Schwäche, die eigene Meinung zu äußern

Unterstützt folgende Berufe/Berufsfelder im Besonderen

Feuerwehr, Geologe, Paläontologe, Schweißer, Zoologe, Bergsteiger, Psychologe, Reporter, Kaminfeger, Turnierreiter, Pyrotechniker, Politiker, Künstler, Feuertänzer/Akrobat, Pilot, Sozialpädagoge, Lehrer

Themen der Zamarah-Sphäre

Lebenslust

Zamarah erscheint im Universum als ein einziger Energiestrudel aus Feuer. Seine rasend schnelle Energieschwingung entfacht ein regelrechtes Feuerwerk. Nicht einen Moment des Innehaltens gibt es in Zamarah. Alles pulsiert hochfrequent, und die gesamte Sphäre fließt ineinander, löst sich, vereinigt sich wieder und explodiert in einem riesigen Feuerball.

Botschaft für DICH

Werde wieder lebendig. Zamarah schenkt dir die Energie der feurigen Lebenslust. Erlebe große Abenteuer, und erkunde die Welt. Zamarah beschützt dich auf all deinen Reisen.

Konzentrationsfähigkeit

Neben der feurigen Energie strahlt Zamarah eine klare Ruhe aus. Alles geschieht mit göttlicher Präzision und in vollendeter Übereinstimmung. Alles wird in voller Konzentration präzise erledigt.

Botschaft für DICH

Beachte alle Aspekte, und betrachte unterschiedliche Sichtweisen deines Vorhabens. Konzentriere dich vollkommen auf dein Projekt, es wird gelingen.

Klarheit

Alle Wesen in Zamarah sind starke, aufrichtige Charaktere. Sie lassen sich nicht beeinflussen oder gar manipulieren. Sie teilen klar und ohne Rücksicht ihre Ansichten mit.

Botschaft für DICH

Zamarah schenkt dir Kraft, dich innerlich und körperlich aufzurichten. Erinnere dich … Du bist ein Teil von Gott.

Übungsimpulse und -hinweise zur Kontaktaufnahme mit der Zamarah-Sphäre

- Verbinde dich geistig mit dem Namen »Zamarah-Sphäre«, oder meditiere mit der Energie.
- Lege deine linke Hand auf dein Herzchakra, und bitte ein Drachenwesen, sich mit dir zu verbinden.
- Lege deinen Zeigefinger auf dein Drittes Auge, und lasse zur Reinigung die Energie des Feuerwesens hindurchfließen.
- Kommuniziere mit Avatar Laphron oder mit Seraphim Nathaniel.
- Benötigst du intensiveres inneres Feuer, verbinde dich mit dem Feuerwesen.
- Willst du die reine Ursprungsenergie Zamarahs auf Erden spüren, verbringe Ferien auf Island. Gleich, wo du dich in Island befindest, durch deine Fußchakras kannst du Zamarah-Energie aufnehmen.
- Bei Kontakt mit dieser Sphäre konzentriere dich auf deinen Willen und deine Absichten. Spürt die Sphäre einen Hauch von Überheblichkeit in dir, wird es keinen Kontakt geben!
- Hast du das Gefühl, dass in einer Gemeinschaft nicht am gleichen Strang gezogen wird, öffne dich für die Energie von Zamarah.
- Die meisten Menschen begleitet ein Drache auf Erden. Willst du wissen, wie dein Drache sich anfühlt, bitte ihn, sich dir SANFT zu nähern.
- Bei der Kommunikation mit Drachen ist es vorteilhaft, ihnen in die »Augen« zu sehen. Hier erkennst du schnell, ob sie mit dir spielen oder ein ernsthaftes Gespräch führen.

Die Übungen werden dich intensiver mit der Energie der Zamarah-Sphäre verbinden. Bei regelmäßiger Anwendung ist eine Verbesserung deines Lebensgefühls und Wohlbefindens deutlich spürbar. Bei stetigem Ausüben kann es geschehen, dass ein Drachenreiter oder ein Drache aus der Zamarah-Sphäre persönlich Kontakt zu dir aufnimmt.

Meditation: Zamarah-Sphäre

Lege dich bequem auf eine dir angenehme Unterlage. Atme ein und aus, bis sich dein ganzer Körper in harmonischem Einklang mit deinem Atem bewegt. In diesem Augenblick nimmst du wahr, wie deine geistigen Sinne erwachen, und du richtest deinen Blick nach innen. Seraphim Nathaniel ist bei dir, an deiner Seite. Er erklärt dir, dass er dir das Geschenk einer Astralreise zur Seelensphäre Zamarah macht. Er hebt in diesem Augenblick deinen Astralkörper aus deinem menschlichen Körper und erhöht die Schwingung behutsam. Eure gemeinsame Astralreise zur Zamarah-Sphäre hat begonnen.

Deine inneren Sinne nehmen eine veränderte Schwingung wahr, und Seraphim Nathaniel erklärt dir, dass ihr im Energiefeld von Zamarah angekommen seid. Er bittet dich, deine Astralaugen langsam zu öffnen. Behutsam beginnst du, die Umgebung Zamarahs zu betrachten. Vor dir öffnet sich eine gigantische Weite, in der du Milliarden von Drachen wahrnimmst. Zusammen mit den Drachenreitern schweben sie im Einklang durch die Sphäre. Seraphim Nathaniel nimmt dich an der Hand, und gemeinsam begebt ihr euch auf den Weg zu den Drachen und Drachenreitern. Der Weg ist vom Feuerwesen gekennzeichnet. Du läufst gemeinsam mit Seraphim Nathaniel auf dem Feuerwesen, das dir den Weg klar und leuchtend aufzeigt. Das Feuer nährt dich und umhüllt deine Energie.

Jetzt seid ihr bei den Drachen und Drachenreitern angekommen. Sie bilden einen Kreis, in dessen Mitte sich ein riesiges wildes Feuer befindet. Das Feuer formt einen Kelch und versprüht Funken. Ein Drache bittet dich, ihn zum Feuerkelch zu begleiten. Dort angekommen, bittet dich der Drache, auf seinen Rücken zu steigen und von dort in den Feuerkelch hineinzuspringen. Sobald du auf den Drachen geklettert bist, springst du direkt in die Mitte des Feuerkelches. Du schwebst in der Mitte des Kelches auf einem warmen Luftzug.

Das Feuerwesen beginnt, dich zu umhüllen und Flammen durch deinen Astralkörper zu schießen. Alle Illusion und alle Lügen werden verbrannt. Dabei fühlst du einen kühlenden Luftzug. Nach einer Weile bist du rein. Du kannst absolute Klarheit und Ehrlichkeit in dir wahrnehmen. Der Feuerkelch schrumpft. In diesem Augenblick stehst du neben deinem Drachen und Seraphim Nathaniel.

Seraphim Nathaniel gibt dir zu verstehen, dass die Zeit des Abschieds von Zamarah gekommen ist. Er breitet seine weichen Flügel um dich, und du fühlst dich umhüllt und getragen. Seraphim Nathaniel fängt an, die Schwingung von Zamarah langsam zu verringern und deine Schwingung der Erdschwingung anzugleichen. In diesem Augenblick seid ihr ins irdische Schwingungsfeld eingetaucht. Seraphim Nathaniel legt deinen Astralkörper vollständig in deinen menschlichen Körper zurück. Sie verschmelzen perfekt miteinander. Du fühlst dich vollkommen glücklich und friedlich. Du weißt, dass du all die Harmonisierung, die du in der Zamarah-Sphäre erfahren durftest, in deinen menschlichen Körper einbinden wirst. Ein tiefes Gefühl der Freiheit breitet sich von deinem Herzchakra aus in deinem gesamten Körper aus.

Seraphim Nathaniel verabschiedet sich von dir. Lasse dir Zeit, genieße deine Gefühle, und nimm dein Umfeld aus einem neuen Blickwinkel wahr.

Ansara-Sphäre

Seelensphäre:	Ansara
Begleitender Engel:	Seraphim Haniel
Erste Manifestation:	vor 1–0,5 Milliarden Jahren
Bekannter Avatar:	Lord Docha
Vorsteher:	Avatar Tamura
Ort der Manifestation:	China, Südamerika, Afrika
Unterste Dimension:	9. Dimension 8. Ebene
Weitere Seelengruppen:	Tolam, Shymi, Luspha, Wohambi

Allgemein

Ansara ist die Sphäre des göttlichen Friedens. Die Lichtwesen, genannt Talaner, haben noch niemals eine kriegerische Handlung vollbracht oder auch nur an sie gedacht. In dieser Sphäre herrscht eine unbeschreibliche Stille, die jedoch nichts mit der irdischen Stille zu tun hat, sondern die Stille der Einheit verkörpert. Die Wesen leben diese innere Ruhe ebenfalls auf der Erde. Viele, die als Mensch inkarnieren, können weder sprechen, noch essen sie menschliche Nahrung. Sie inkarnieren erst seit 2015 auf die Erde. Es gibt in der Sphäre neben den Talanern nur noch vier weitere Wesensarten.

Allgemeine Botschaft

Die Ansara-Sphäre ist die Sphäre der absoluten Sanftheit und Liebeskraft. Keine andere Sphäre ist und lebt die göttliche Güte und Gnade in solchem Ausmaß. Sie ist ruhig und friedlich in allen Daseinsformen. Die Ansara-Sphäre verkörpert die zärtliche, fürsorgliche Göttlichkeit in dir. Die Wesen dieser Sphäre leben Sanftheit in vollkommener Hingabe an sich selbst und Gott. Sie verbinden dich sanft mit allen Wesen im Universum.

Energieform und Charakteristika der Sphäre

sanft | lieblich | weich | unschuldig | introvertiert | zärtlich | warmherzig | vergebend | verständnisvoll | wohltätig | gelebte Güte | Achtsamkeit | Vertrauen | Ruhe | Toleranz | positiv | Sensibilität | innere zarte Kraft | gefühlsbetonte Handlungen | Intuition | Flexibilität | Unschuld | Frieden

Wirkt unterstützend bei …

Auflösung von Opfer-Täter-Rollen | innerer Härte | Extrovertiertheit | Nicht-vergeben-Können | Pessimismus | Gefühllosigkeit | Starre | Aggression | Mangeldenken | innerer Unruhe | Unverständnis | Selbstsucht | Egoismus | übermäßigem Festhalten an Regeln | Hoffnungslosigkeit | Hektik

Unterstützt folgende Berufe im Besonderen

Sie unterstützen alle Berufe, bei denen aktiv am Weltfrieden gearbeitet wird.

Themen der Ansara-Sphäre

Innerer Frieden

Ansara erscheint in der Sphäre als sanft fließender himmlischer Wasserfall. Sein weicher Energiefluss schwebt leise im Universum. Ansara-Energie berührt sanft alle Wesen im Kosmos. In Ruhe und Stille, vollkommen friedlich offenbart es seine Weisheit. Nichts ist hektisch oder schnell in dieser bezaubernden Sphäre.

Botschaft für DICH

Ansara schenkt dir sanften, tiefen, inneren Frieden. Werde wieder eins mit dir selbst und deiner unendlichen Liebe. Erkenne, dass du wertvoll bist. Bei Burn-out unterstützt dich die Sphäre, ruhig zu werden und zu entschleunigen.

Kraft

Die Wesen erscheinen auf den ersten Blick als abwesend und nicht berührbar. Sie wirken entrückt und zerbrechlich. Tatsächlich jedoch sind sie die stärksten Wesen unseres Erden-Projekts. Ihre Herzqualität überstrahlt jeden Schmerz und jede irdische Unpässlichkeit.

Botschaft für DICH

In der Ruhe liegt die Kraft.

Herzenswahrnehmung

Die Wesen lassen sich nicht von einer Illusion einfangen und schreiten mit zarten Schritten ihrer Bewusstwerdung entgegen. Sie folgen ausschließlich ihrem Herzzentrum.

Botschaft für DICH

Höre NUR auf dein Herz.

Grenzüberschreitung

In der Ansara-Sphäre leben viele Wesenheiten, die niemals ihr Energiefeld verlassen. Es herrscht ein regelrechter Überfluss an Formen. Die Seelen aus Ansara entfalten ihre ureigene Formenvielfalt. Für menschliches Denkvermögen sind ihre Formen nicht erfassbar. Zu abstrakt und fließend sind ihre »Körper«.

Botschaft für DICH
Sprenge alle herkömmliche Vorstellungen. Nichts ist unmöglich. Du kannst alles erschaffen, was du willst.

Übungsimpulse und -hinweise zur Kontaktaufnahme mit der Ansara-Sphäre

- Verbinde dich geistig mit dem Namen »Ansara-Sphäre«, oder meditiere mit der Energie.
- Lege deine linke Hand auf dein Herzchakra, und bitte die Ansara-Sphäre, dich mit ihrer Liebe zu verbinden.
- Lege deinen rechten Zeige- und Mittelfinger auf dein Drittes Auge, und verbinde dich mit Avatar Tamura.
- Kommuniziere mit dem Vorsteher Tamura oder mit Seraphim Haniel.
- Da die Sphäre durch ihre Inkarnation und durch dieses Buch irdisch an Bekanntheit gewinnt, haben sich die Talaner entschlossen, auch Wesen aus unteren Dimensionen eine Zeit lang zur Seite zu stehen. Willst du einen Talaner an deiner Seite wissen, bitte darum.
- Fällt es dir schwer, in einer hektischen Zeit Ruhe zu bewahren, verbinde dich mit der Energie von Ansara.
- Willst du in dir die Energie des göttlichen Friedens erfahren, verbinde dich mit Ansara.

- Willst du auf der Erde mit der Friedensenergie arbeiten oder sie empfangen, verbinde dich mit Ansara. Fühle, wie ein sanfter Energiewasserfall dir Samairis-Energie zuführt.
- Willst du die Ansara-Energie auf Erden spüren, setze dich an einen ruhigen Ort, am besten nachts, und fühle ihren sanften Rhythmus.
- Arbeitest du mit einem Talaner zusammen, sei dir bewusst, dass er sanft und behutsam deine Wege leitet. Achte auf die leisen Töne.

Die Übungen werden dich intensiver mit der Energie der Ansara-Sphäre verbinden. Bei regelmäßiger Anwendung ist eine Verbesserung deines Lebensgefühls und Wohlbefindens deutlich spürbar. Bei stetigem Ausüben kann es geschehen, dass ein Talaner aus der Ansara-Sphäre persönlich Kontakt zu dir aufnimmt.

Meditation: Ansara-Sphäre

Lege dich bequem auf eine dir angenehme Unterlage. Atme ein und aus, bis sich dein ganzer Körper in harmonischem Einklang mit deinem Atem bewegt. In diesem Augenblick nimmst du wahr, wie deine geistigen Sinne erwachen, und du richtest deinen Blick nach innen. Seraphim Haniel ist bei dir, an deiner Seite. Sie erklärt dir, dass sie dir das Geschenk einer Astralreise nach Ansara macht. Sie hebt in diesem Augenblick deinen Astralkörper aus deinem menschlichen Körper und erhöht die Schwingung behutsam. Eure gemeinsame Astralreise nach Ansara hat begonnen.

Deine inneren Sinne nehmen eine veränderte Schwingung wahr, und Seraphim Haniel erklärt dir, dass ihr im Energiefeld von Ansara angekommen seid. Sie bittet dich, deine Astralaugen langsam zu öffnen. Behutsam beginnst du, die Umgebung von Ansara zu betrachten. Sofort nimmst du die lebendige Stille und Ruhe wahr. Seraphim Haniel nimmt dich an der Hand, und gemeinsam begebt ihr euch auf den Weg zu den Wesen in Ansara. Deine Blicke schweifen umher, und du betrachtest die Energie, die ausschließlich aus Licht besteht. In Ansara gibt es keine feste Materie. Seraphim Haniel und du, ihr lasst euch sanft wiegend zu den Wesen in Ansara treiben.

In diesem Augenblick seid ihr bei den Wesen in Ansara angekommen. Sie schweben gleichfalls im Energiefeld von Ansara umher. Absoluter Frieden und Harmonie gehen von diesen Wesen aus. Die Lichtwesen bilden einen Kreis um dich, und du schwebst federleicht in ihrer Mitte. Die Wesen lassen aus ihren Gedanken kleine durchsichtige Luftblasen entstehen. Diese strömen auf dich zu, landen in deinem Energiefeld und platzen, sobald sie einen Energiepunkt in dir berühren, der nicht vollkommene Harmonie und Frieden ausstrahlt. Hunderte von diesen kleinen Luftblasen umkreisen dich und nehmen dir jegliches Gefühl von Wut, Neid und Hass. Du beginnst, dich leichter zu fühlen, und spürst, wie der Einklang zu allen Wesen in dir aktiviert wird. Jegliche Aggressionsenergie zerplatzt, sobald dich eine Luftblase berührt. Du fühlst dich frei und leicht, in vollkommenem Frieden und im Einklang mit dir selbst. Die Lichtwesen aus Ansara berühren dich sanft an deiner Stirn, deinem Dritten Auge. Die hohe Energie fließt in dein Drittes Auge hinein. Es ist voller Harmonie und Liebe für den gesamten Kosmos. Du fühlst dich wundervoll und in Harmonie mit dir selbst.

Seraphim Haniel gibt dir zu verstehen, dass die Zeit des Abschieds von Ansara gekommen ist. Sie breitet ihre weichen Flügel um dich, und du fühlst dich umhüllt und getragen. Seraphim Haniel fängt an, die Schwingung von Ansara langsam zu verringern und deine Schwingung der Erdschwingung anzugleichen. In diesem Augenblick seid ihr ins irdische Schwingungsfeld eingetaucht. Seraphim Haniel legt deinen Astralkörper vollständig in deinen menschlichen Körper zurück. Sie verschmelzen perfekt miteinander. Du fühlst dich vollkommen glücklich und friedlich. Du weißt, dass du all die Harmonisierung, die du in der Ansara-Sphäre erfahren durftest, in deinen menschlichen Körper einbinden wirst. Ein tiefes Gefühl der Freiheit breitet sich von deinem Herzchakra aus in deinem gesamten Körper aus.

Seraphim Haniel verabschiedet sich von dir. Lasse dir Zeit, genieße deine Gefühle, und nimm dein Umfeld aus einem neuen Blickwinkel wahr.

Engel-Sphäre

Seelensphäre:	Engel-Sphäre
Erste Manifestation:	vor 6–5,5 Milliarden Jahren
Bekannter Seraphim:	Seraphim Michael
Vorsteher:	Ampheniel
Ort der Manifestation:	kein spezieller Ort auf der Erde
Unterste Dimension:	12. Dimension, 12. Ebene
Innerhalb der Sphäre:	3 x 3 Ebenen
Weitere Seelengruppen:	keine

Allgemein

Die Engel-Sphäre ist die Sphäre der Wesen, die ohne freien Willen der Göttlichkeit dienen. In der Sphäre lebt nur eine Seelengruppe, die der Engel. Andere
Wesen haben keinen Zutritt zur Sphäre. Die Engel durchlaufen einen Bewusst-
seinsweg, der sich vom Rest des Universums unterscheidet. Im Gegensatz zu allen anderen Wesen im Kosmos sind Engel nur mit der Hälfte ihrer Seelenanteile
ins Universum eingetaucht. Ist es dir ein ehrliches Bedürfnis, Begleitung durch

einen Engel zu erfahren, dann reicht ein Gedanke, und schon wird ein Engel an deiner Seite sein und dich unendlich lieben. Immer.

Allgemeine Botschaft

Die Engel-Sphäre ist die Sphäre der puren Liebe. Sie ist das absolute Sein ohne eigenen Willen. Alles geschieht zum Wohle der göttlichen Schöpfung. Das bedeutet unermessliche Freiheit. Es gibt nur DAS SEIN und DIE LIEBE.

Energieform und Charakteristika der Sphäre

Herzzentrum der göttlichen Schöpferquelle | pure Liebe | Verbindung zum Universum und zur Einheit | Reinheit | Vergebung | liebende Kraft und Macht | Lobgesänge zu Ehren der göttlichen Quelle

Wirkt unterstützend bei …

Verlust der Liebe in sich | Verlust der eigenen Göttlichkeit | Glaubensverlust in jeglicher Hinsicht | negativen Gefühlen und Gedanken | Gefühl, von negativen Energien verfolgt zu werden | Schuldgefühlen | Auflösung von Opfer- und Täterbewusstsein

Unterstützt folgende Berufe/Berufsfelder im Besonderen

Sie unterstützen alle sozialen und medizinischen Berufe, Musiker und Autoren.

Themen der Engel-Sphäre

Einheit

Das Energiefeld der Engel-Sphäre existiert ausschließlich in der zwölften Dimension. Das stellt somit den größten Unterschied zu allen anderen Seelensphären dar. Dennoch ist die Engel-Sphäre ein vollkommenes Mitglied unseres Universums. Wir alle gemeinsam sind die Schöpfung.

Botschaft für DICH
Ganz gleich, wie besonders oder andersartig du bist, du bist EINS mit ALLEM.

Bedingungslose Liebe

Obwohl die Engel-Sphäre nur in der zwölften Dimension existiert, sind innerhalb dieser Sphäre nicht alle Engel in ihrer Bewusstwerdung vollkommen entfaltet.

Botschaft für DICH
Du wirst tief geliebt.

Vollkommenheit

Die Notwendigkeit, dass die Engel-Sphäre in der zwölften Dimension beheimatet ist, ergibt sich aus dem Umstand, dass es einen intensiven und direkten Verbindungsstrahl aus der Einheit in die Engel-Sphäre gibt. Durch diesen Strahl wird das gesamte Universum genährt. Die Engel-Sphäre ist daher ein in sich abgeschlossenes System, das strengen Richtlinien unterliegt. Bei der Entstehung des Universums sind Engelwesen lediglich mit 50 % ihrer Seelenanteile ins Universum eingeflossen. Mit den anderen 50 % verharren sie weiterhin in der Einheit. Auch dies stellt im Vergleich zu allen anderen Wesenheiten unseres Kosmos eine absolute Besonderheit dar.

Botschaft für DICH
Fühlst du dich nicht vollkommen, so hilft dir die Engel-Sphäre, deine Vollkommenheit zu entfalten.

Übungsimpulse und -hinweise zur Kontaktaufnahme mit der Engel-Sphäre

- Verbinde dich geistig mit dem Namen »Engel-Sphäre«, oder meditiere mit der Energie.
- Lege deine linke Hand auf dein Herzchakra, und bitte einen Engel deiner Wahl, sich mit dir in Liebe zu verbinden.

- Lege deinen rechten Zeige- und Mittelfinger auf dein Drittes Auge, und verbinde dich mit einem Seraphim deiner Wahl.
- Kommuniziere täglich mit deinem Schutzengel.
- Überschreitest du bei anderen Grenzen oder werden deine Grenzen überschritten, verbinde dich mit der Engel-Sphäre. Sie lehrt dich liebevoll, Grenzen zu erkennen und Stopp zu sagen.
- Willst du dich mit Gott verbinden, unternimm eine Astralreise zu einem Engelenergiefeld deiner Wahl. Es leitet göttliche Liebe direkt in dein Herz.
- Ist es dir wichtig, nach den göttlichen Gesetzen und der göttlichen Liebe zu handeln, verbinde dich mit der Engel-Sphäre oder einem Engel deiner Wahl.
- Fehlt dir Mut, etwas Neues zu wagen, verbinde dich mit der Engel-Sphäre oder einem Engel deiner Wahl.
- Jeder Engel stellt sich bei der Kommunikation auf dich ein. Erforsche deine Art, zu hören und zu kommunizieren. Sprich in Gedanken oder laut mit einem Engel deiner Wahl, und bitte ihn, dir klare und für dich verständliche Zeichen zu geben.
- Benötigst du Unterstützung bei deiner Bewusstwerdung, bitte deinen Schutzengel, dir Impulse zu senden. Weiß er nicht weiter, wird er sich Rat bei einem höher schwingenden Engel holen. Meldet sich der Engel bei dir, bleibe ruhig, und folge den Impulsen. Verfalle bitte nicht vor Ehrfurcht in Starre. Dann können die Engel schwerlich mit dir arbeiten.
- Wünschst du einen bestimmten Engel an deiner Seite, auch einen Seraphim, dann äußere deinen Wunsch klar und deutlich. Engel unterscheiden nicht zwischen hohen Persönlichkeiten oder einfachen Arbeitern. Sie sehen die Seele und deren Willen, und das ist ausschlaggebend. Die menschlichen Aspekte ignorieren sie.

Die Übungen werden dich intensiver mit der Energie der Engel-Sphäre verbinden. Bei regelmäßiger Anwendung ist eine Verbesserung deines Lebensgefühls und Wohlbefindens deutlich spürbar. Bei stetigem Ausüben kann es geschehen, dass dein Schutzengel oder ein Seraphim persönlich Kontakt zu dir aufnimmt.

Meditation: Engel-Sphäre

Lege dich bequem auf eine dir angenehme Unterlage. Atme ein und aus, bis sich dein ganzer Körper in harmonischem Einklang mit deinem Atem bewegt. In diesem Augenblick nimmst du wahr, wie deine geistigen Sinne erwachen, und du richtest deinen Blick nach innen. Du bemerkst mehrere Lichtflammen, die auf dich zukommen. Dir wird bewusst, dass es die Lichtflammen von Seraphim Michael, Jophiel, Chamuel, Gabriel, Raphael, Uriel, Zadkiel, Metatron, Sandalphon, Nathaniel, Haniel, Ariel und Muriel sind. Seraphim Michael erklärt dir, dass dich all die Seraphim in einer Energiekugel in die zwölfte Dimension, ans Tor zur Engel-Sphäre mitnehmen. Alle Seraphim bilden einen Kreis um dich und hüllen dich in eine Energieblase ein. In diesem Augenblick beginnen sie, deine Schwingung behutsam an das Niveau der zwölften Dimension anzupassen. Eure gemeinsame Reise ans Tor zur Engel-Sphäre hat begonnen.

Deine inneren Sinne nehmen eine veränderte Schwingung wahr, und Seraphim Michael erklärt dir, dass ihr am Tor zur Engel-Sphäre angekommen seid. Sofort erwacht eine tiefe innere Ruhe und tiefes Vertrauen in dir. Die Seraphim berühren kurz die Energieblase, und du spürst ihren Schutz. Sie öffnen den Kreis, stellen sich rechts und links neben deine Energieblase und bilden einen Weg direkt zum Tor der Engel-Sphäre. Langsam öffnet sich das Engel-Sphären-Tor einen winzigen Spaltbreit. Aus dem Tor strömt behutsam ein heller mehrfarbiger Energiestrahl, der deine Energiekugel ummantelt. Ganz sacht fließt pure göttliche Liebesenergie in deine Energieblase. Die göttliche Liebe durchflutet sanft dein Bewusstsein. Du erwachst in der reinen göttlichen Schönheit. Dein wahres Sein entfaltet sich in diesem Augenblick. Liebe, du bist vollkommene Liebe. Langsam zieht sich der Energiefluss zurück, und die Engel-Sphäre schließt ihr Tor. Die Seraphim bilden erneut einen Kreis um deine Energieblase.

Seraphim Michael gibt dir zu verstehen, dass die Zeit des Abschieds gekommen ist. Die Seraphim fangen an, die Schwingung langsam

zu verringern und deine Schwingung der Erdschwingung anzugleichen. In diesem Augenblick seid ihr ins irdische Schwingungsfeld eingetaucht, und die Energieblase löst sich auf. Du weißt, dass du all die Liebe, die du erfahren durftest, in deinen menschlichen Körper einbinden wirst.
Ein tiefes Gefühl der Freiheit breitet sich von deinem Herzchakra aus in deinem gesamten Körper aus.
Die Seraphim verabschieden sich von dir. Lasse dir Zeit, genieße deine Gefühle, und nimm dein Umfeld aus einem neuen Blickwinkel wahr.

DIE AVATARE – VORSTEHER DER SEELENSPHÄREN

Avatar Zeus

Name:	Avatar Zeus – »Lichtvoller Tag«
Vorsteher von:	Lemurien
Farbe:	Helles Lindgrün
Zwilling:	Avatar Poseidon
Seelenpartner:	Avatar Ishtar
Aufgabe:	Entwicklung der eigenen Heilkräfte, Aufsicht über den Bewusstwerdungsprozess in Lemurien, Entwicklung der Führungsqualitäten, Fokussierung

Energie & Charakter

Selbstsicher, selbstbewusst, machtvoll – Avatar Zeus ist ein draufgängerischer Casanova, er hat einen hitzigen Charakter und ist dennoch überaus sinnlich. Er ist direkt und »ohne Schnörkel«. Avatar Zeus offenbart die Heilmacht, die jeder Seele innewohnt. Als Vorsteher von Lemurien führt er die Sphäre souverän, diszipliniert, streng und geordnet. Avatar Zeus füllt seine Führungs-rolle in Lemurien vollkommen aus und beaufsichtigt alle Dimensionen mit liebevoller Entschlossenheit. Er ist überaus aktiv und lehrt mit Engagement die lemurische Heilkunst. Er verteilt Aufgaben oder Aufträge an alle Seelen in Lemurien. Widerspruch ist bei Zeus nicht angesagt. Er besitzt eine ausge-prägte Charakterstärke und handelt schnell und zielgerichtet. Seine beein-druckenden Heilfähigkeiten lehrt er im gesamten Kosmos. Seine kraftvolle Energie erzeugt eine Aura der inneren Heilkraft.

Unterstützt bei ...
Krankheit – stärkt die Selbstheilungskräfte
Selbstzweifel – schenkt Selbstsicherheit
ausschweifender Lebensart – schenkt Präzision
Ziellosigkeit – hilft, die eigenen Fähigkeiten zu erkennen

Themen von Avatar Zeus

Autorität
Avatar Zeus zu beschreiben, ist heikel. Dennoch wähle ich das Wort »Au-torität«. Seine Fähigkeit, zu heilen, ist phänomenal. Was allerdings stärker auffällt, ist seine autoritäre Ausstrahlung. Seine Deutlichkeit lässt keine Miss-verständnisse zu.

Botschaft für DICH
Avatar Zeus unterstützt dich, deine Autorität zu akzeptieren und liebevoll zu leben.

Geradlinigkeit
Avatar Zeus' Zwilling ist Poseidon. Avatar Zeus ist hitzig, während Avatar Poseidon gelassener, jedoch nicht weniger autoritär ist. Sanftheit liegt ihnen nicht, stattdessen leben sie Gradlinigkeit ohne Umschweife.

Botschaft für DICH

Jetzt ist die Zeit gekommen, dein Leben ohne rosarote Brille zu betrachten. Ziehe ehrlich Resümee, und richte deinen Blick ohne Umschweife auf dein Ziel.

⌒⌒⌒

Heilerische Fähigkeiten

Avatar Zeus sagt unverblümt die Wahrheit, dennoch ist er liebevoll und unterstützt alle Seelen, die ihre Heilfähigkeiten entwickeln wollen. Seine Strenge ist dafür notwendig. Er ist ein kraftvoller Lehrer.

Botschaft für DICH

Die Zeit deiner Ausbildung zum Heiler ist gekommen. Achte auf dein inneres Wissen, deine Intuition und deinen Körper. Sie lehren dich, deine eigenen Heilfähigkeiten anzuwenden.

⌒⌒⌒

Widrigkeiten überwinden

Avatar Zeus besitzt neben seinem strengen Gemüt auch eine witzige Seite. Mit ihm ist es möglich, in ernsten Lebensumständen gleichfalls die Komik in der Situation zu erkennen. Hierdurch werden schmerzhafte Gegebenheiten abgemildert. Bittest du Avatar Zeus, dich zu unterstützen, wird er deinen Weg kompromisslos begleiten.

Botschaft für DICH

Jede Situation, jede Begebenheit birgt einen lehrreichen Prozess für dich. Nutze alle Möglichkeiten, Meister deiner Gedanken zu werden. Sieh dich im großen Schöpfungsprozess, und beginne, trotz Widrigkeiten vollkommen zu leben.

⌒⌒⌒

Heilung

Avatar Zeus ist Heilung. Seine Erleuchtungswege für dich werden immer mit unterschiedlichen Heilverfahren verknüpft sein. Wählst du Avatar Zeus als Begleiter, wird er dich herausfordern, der Menschheit ohne Umwege mit deinen Heilfähigkeiten zu dienen.

Botschaft für DICH

Du bist ein Heiler. Nutze deine Gabe, und diene. Die Heilenergie aus Lemurien steht dir zur Verfügung.

Ehrlichkeit & Wahrhaftigkeit

Ist Zeus dein begleitender Avatar, so wird dein irdischer Weg ohne Umschweife und kompromisslos geradeaus gehen. Avatar Zeus konfrontiert dich schonungslos mit deinen Unwahrheiten und befreit dich von Überheblichkeit. Mit ihm werden alle Unklarheiten beseitigt, du wirst unermüdlich von ihm geläutert. Avatar Zeus lehrt dich, schonungslose Ehrlichkeit zu leben.

Botschaft für DICH

Avatar Zeus übermittelt dir: »Schaue in den Spiegel, und erkenne die Wahrhaftigkeit in dir. Lebe Aufrichtigkeit in allen Bereichen. Lebe das Leben auf der Erde ehrlich und in Einfachheit.«

Meditation: *Avatar Zeus*

Lege dich bequem auf eine dir angenehme Unterlage. Atme ein und aus, bis sich dein ganzer Körper in harmonischem Einklang mit deinem Atem bewegt. In diesem Augenblick nimmst du wahr, wie deine geistigen Sinne erwachen, und du richtest deinen Blick nach innen. Avatar Zeus ist bei dir, an deiner Seite. Er lächelt dich an, breitet seine Arme aus und umarmt dich herzlich. Du blickst direkt in seine klaren Augen und fühlst dich behütet.

Nach einem kurzen Moment löst ihr euch voneinander, während Avatar Zeus weiterhin sanft deine Hände hält. Ein wundervoller grüner Energiestrahl bahnt sich seinen Weg um euch herum und hüllt dich und Avatar Zeus vollkommen ein. Die Quelle der kraftvollen Energie ist Avatar Zeus' Herzchakra. Du genießt die Heilenergie, die dir Avatar Zeus zur Verfügung stellt. Behutsam neigt er dir seinen Kopf entgegen. Achtsam berührt sein Drittes Auge dein Drittes Auge. Ein feiner Energieimpuls strömt durch dein Drittes Auge in deinen gesamten Körper ein. Dein Körper nimmt die Energie dankbar auf, und du fühlst dich erfrischt und lebendig. Avatar Zeus erhöht die Energie, und in diesem Augenblick verschmelzen eure Energiezentren miteinander. Die leichten Energieimpulse verstärken sich, während ihr, Avatar Zeus und du, im gleichen Rhythmus schwingt. Die intensiv pulsierende Energie weitet sich aus und überträgt sich auf alles um dich herum. Avatar Zeus hat dein Energieniveau auf die siebte Dimensionsstufe angehoben. Der hochfrequente Energiestrahl aus Avatar Zeus' Drittem Auge übermittelt dir die Weisheit der Heilung aus Lemurien. In diesem Moment fließt die Weisheit der kosmischen Heilung in deinen Körper ein. Du genießt die Energie und badest darin. Du beginnst, die Kraft der universalen Heilung von Avatar Zeus in dir wahrzunehmen. Die Weisheit fließt in jede Zelle deines Bewusstseins ein. Avatar Zeus' Selbstsicherheit,

Selbstbewusstsein und vollkommene Liebe pulsiert in deiner Seele. Jede Zelle deines Körpers saugt die Energie auf, und du spürst, wie Selbstsicherheit, Selbstbewusstsein und vollkommene Liebe in dir erwachen. Fühle Avatar Zeus' Selbstsicherheit und Selbstbewusstsein, die dir ab jetzt in allen Bereichen deines Daseins allzeit zur Verfügung stehen.

Avatar Zeus' Drittes Auge beginnt sanft und achtsam, seine Energie zu verringern. Vorsichtig trennen sich eure Energien, doch du bist weiterhin mit Avatar Zeus verbunden. Ein tiefes Gefühl der Freiheit breitet sich in dir aus. Avatar Zeus verabschiedet sich von dir.

Es wird für dich Zeit, ins Hier und Jetzt zurückzukehren. Lasse dir Zeit, genieße deine Gefühle, und nimm dein Umfeld aus einem neuen Blickwinkel wahr.

Avatar Faithemy

Name:	Avatar Faithemy – »Sanftheit ist der göttliche Weg«
Vorsteher von:	Regenbogen-Sphäre
Farbe:	Regenbogen
Zwilling:	Avatar Symaria
Seelenpartner:	Avatar Lylitha
Aufgabe:	Hüter der Tierseelen, Zugang zu Tieren und der Natur, Entfaltung der inneren Stille, Umgang mit Sensibilität, Vergebung, Seelenpartnerbeziehung harmonisieren, die eigene Schönheit akzeptieren und leben

Energie & Charakter

Feinfühlig, verträumt, warmherzig und edel – Avatar Faithemy ist ein zurückhaltendes gutmütiges Wesen. Sein Charakter zeigt keinerlei kriegerische oder extrovertierte Energie. Alles an ihm ist sensibel und zart. Im Vergleich zu allen anderen Vorstehern der Seelensphären ist er der rücksichtsvollste und behutsamste. Kommunikation findet bei ihm niemals direkt statt, sondern immer in Beschreibungen oder Beispielen. Seine große Stärke und Kraft spiegelt sich in seiner Achtsamkeit jeder Seele gegenüber wider. Niemals erhebt er seine »Stimme« oder wird ungehalten. Er spricht wenig und ist in seiner Ruhe und Gelassenheit ein wunderbares Vorbild für alle Seelen, die in der Regenbogen-Sphäre zu Hause sind. Er leitet seine Sphäre mit milder Hand und absoluter Sanftheit und verteilt selten Aufträge oder Aufgaben, sondern fördert die Eigeninitiative. Seine Introvertiertheit fördert das Fühlen und die eigene Wahrnehmung. Seine Fähigkeiten, Tiere und Baumwesen bei ihrem Entfaltungsprozess zu unterstützen, hat ihm einen herausragenden Ruf als spiritueller Lehrer beschert. Seine warmherzige Energie umhüllt die Regenbogen-Sphäre und verleiht ihr die Aura einer Traumwelt.

Unterstützt bei …

Grobheit – verleiht Sensibilität
Kaltherzigkeit – fördert die Herzlichkeit
Ungeschicktheit – fördert die Kunstfertigkeit
Hektik – schenkt Ruhe

Themen von Avatar Faithemy

Innere Schönheit

Avatar Faithemy einer Energie zuzuordnen, ist einfach. Hier bietet sich das Wort »Warmherzigkeit« an. Obwohl er vom Wesen introvertiert und reserviert erscheint, ist seine Ausstrahlung voller liebevoller Herzlichkeit. Seine edle Erscheinung strahlt reine Göttlichkeit aus.

Botschaft für DICH
Avatar Faithemy unterstützt dich dabei, deine innere Schönheit zu erkennen.

Ruhe

Avatar Faithemys Zwilling ist Symaria. Avatar Symaria ist wie Avatar Faithemy ein verschwiegenes Wesen. Sie liebt die absolute Stille und ist aus diesem Grund ausschließlich in der zwölften Dimension anzutreffen.

Botschaft für DICH

Die Zeit der stillen Einkehr ist gekommen. Gönne dir Ruhe, entschleunige, und erforsche deine Ziele für dein weiteres Leben.

Toleranz

Avatar Faithemy spricht selten Worte oder zeigt offen seine Meinung. Er ist darauf bedacht, niemals ein Wesen zu manipulieren. Er lässt Raum für die Meinungen seines Gegenübers, ganz gleich, ob er einer Seele aus der fünften oder zwölften Dimension gegenübersteht.

Botschaft für DICH

Achte auf deine Gesten und Worte. Lerne, jeder Seele unvoreingenommen zu begegnen. Gestehe jedem Wesen zu, seine eigene Meinung zu offenbaren.

Friedvolle Wege

Faithemy ist ein unbeschreiblich sanftmütiger Avatar. Er ist mit jeder Faser seiner Seele vollkommen friedlich. Das hält ihn allerdings nicht davon ab, unnachgiebig jedes Wesen zu fordern. Besonders bei einem göttlichen Bewusstwerdungsprozess, der in die nächste Dimension führt. Avatar Faithemy gewährt absolute Freiheit, was dazu führt, dass jeder genau weiß, was seine Aufgaben sind. Er übermittelt seine Botschaften ohne Worte. Er kommuniziert klar und unverkennbar ohne jegliche Gesten oder Sprache.

Botschaft für DICH

Lebe, was du fühlst und wahrnimmst. Höre auf deine Intuition, und folge ihr. Konzentriere dich auf den Weg des Friedens, und vermeide Manipulation.

Kommunikation mit Pflanzen und Tieren

Avatar Faithemy ist ein Hüter der Tier- und Baumwesen. Diese benötigen viel Heilung und Zuspruch. Avatar Faithemy lehrt die »Sprache« der Tier- und Baumwesen. Erwählst du ihn als deinen Begleiter, wird er seine Aufmerksamkeit darauf richten, deine Tore und Energiekanäle zu öffnen und zu aktivieren.

Botschaft für DICH

Du bist zur Tier- und Baumkommunikation fähig. Nutze deine Möglichkeiten, Tiere zu heilen. Achte im Besonderen darauf, was dir die Baumwesen mitteilen. Sie tragen das Wissen der gesamten Erde in sich. Nutze das Wissen zum Wohle aller Lebewesen auf der Erde.

Den eigenen Weg gehen

Ist Faithemy dein begleitender Avatar, so wird dein irdischer Weg mitunter etwas chaotisch verlaufen. Faithemy überlässt es dir, deinen Weg selbstständig zu beschreiten. Er setzt dir weder Grenzen, noch hält er dich davon ab, einen Fehler hundertmal zu begehen. Er begleitet dich, ohne einzuschreiten, es sei denn, du bittest um seinen Rat. Dieser wird wahrscheinlich darin bestehen, tiefer deiner inneren Stimme zu lauschen. Hier wird er seinen Rat »platzieren«, und du darfst aus eigenem Antrieb deinen Weg finden.

Botschaft für DICH

Fürchte dich nicht vor deinem Leben. Lebe es mit allen Bergen und Tälern. Mit allen Höhen und allen Tiefen. Erfahre, erlebe, erwache.

Meditation: Avatar Faithemy

Lege dich bequem auf eine dir angenehme Unterlage. Atme ein und aus, bis sich dein ganzer Körper in harmonischem Einklang mit deinem Atem bewegt. In diesem Augenblick nimmst du wahr, wie deine geistigen Sinne erwachen, und du richtest deinen Blick nach innen. Avatar Faithemy ist bei dir, an deiner Seite. Er lächelt dich an, breitet seine Arme aus und umarmt dich herzlich. Du blickst direkt in seine klaren Augen und fühlst dich behütet.

Nach einem kurzen Moment löst ihr euch voneinander, während Avatar Faithemy weiterhin sanft deine Hände hält. Ein wundervoller regenbogenfarbener Energiestrahl bahnt sich seinen Weg um euch herum und hüllt dich und Avatar Faithemy vollkommen ein. Die Quelle der kraftvollen Energie ist Avatar Faithemys Herzchakra. Du genießt die Heilenergie, die dir Avatar Faithemy zur Verfügung stellt. Behutsam neigt er dir seinen Kopf entgegen. Achtsam berührt sein Drittes Auge dein Drittes Auge. Ein feiner Energieimpuls strömt durch dein Drittes Auge in deinen gesamten Körper. Dein Körper nimmt die Energie dankbar auf, und du fühlst dich erfrischt und lebendig. Avatar Faithemy erhöht die Energie, und eure Energiezentren verschmelzen miteinander. Die leichten Energieimpulse verstärken sich, während ihr, Avatar Faithemy und du, im gleichen Rhythmus schwingt. Die intensiv pulsierende Energie weitet sich aus, und alles um dich herum fängt ebenfalls an zu pulsieren. Avatar Faithemy hat dein Energieniveau auf die siebte Dimensionsstufe angehoben. Der hochfrequente Energiestrahl aus Avatar Faithemys Drittem Auge übermittelt dir die Weisheit der Vergebung. In diesem Moment fließt die Weisheit der kosmischen Vergebung in deinen Körper ein. Du genießt die Energie und badest darin. Du beginnst, die Kraft der universalen Vergebung in dir wahrzunehmen. Die Weisheit fließt in jede Zelle deines Bewusstseins. Avatar Faithemys Feinfühligkeit, seine Verträumtheit und vollkommene Liebe pulsiert in deiner Seele. Jede Zelle deines Körpers saugt die Energie auf, und du spürst, wie Feinfühligkeit, Verträumtheit und vollkommene Liebe in dir erwachen. Fühle Avatar Faithemys Feinfühligkeit und Verträumtheit, die dir ab jetzt in allen Bereichen deines Daseins allzeit zur Verfügung stehen.

Avatar Faithemys Drittes Auge beginnt sanft und achtsam, seine Energie zu verringern. Vorsichtig trennen sich eure Energien, doch du bist weiterhin mit Avatar Faithemy verbunden. Ein tiefes Gefühl der Freiheit breitet sich in dir aus. Avatar Faithemy verabschiedet sich von dir.

Es wird für dich Zeit, ins Hier und Jetzt zurückzukehren. Lasse dir Zeit, genieße deine Gefühle, und nimm dein Umfeld aus einem neuen Blickwinkel wahr.

Avatar Malan Salah

Name:	Avatar Malan Salah – »Freude erwacht im Licht«
Vorsteherin von:	Elfen- & Feen-Sphäre
Farbe:	Helles Gelbgold
Zwilling:	Lord Tüylar
Seelenpartner:	Elohim Chyliel
Aufgabe:	Hüterin der Magie, Kenntnis der Heilkräuter, Freude an Sexualität, Aktivität, Leidenschaft

Energie & Charakter

Heiter, vergnügt, lebhaft, erhaben, königlich – Avatar Malan Salah ist eine Persönlichkeit, die klar ihre Bedürfnisse äußert. Sie ist kein Wesen, das lange um das Wesentliche herumredet, sie erwartet, dass ihre Anordnungen schnell und effizient erfüllt werden. Sie ist die Vorsteherin der Elfen- & Feen-Sphäre und eine wahre Königin, die erhaben über diese Sphäre herrscht. Sie führt sie mit leidenschaftlicher Hingabe. Avatar Malan Salah ist eine impulsive Seele, die keine Sekunde ruht oder Langeweile aufkommen lässt. Sie offenbart die Lust, am und im Leben zu sein. Sie befiehlt mit Freuden und Begeisterung allen Seelen in ihrer Sphäre, was sie zu tun oder zu lassen haben. Sie ist durchaus bereit, über ihre Anweisungen voller Elan zu diskutieren und gegebenenfalls genau das Gegenteil geschehen zu lassen. Keine andere Sphäre ist dergestalt widersprüchlich und chaotisch. Aus der Sichtweise von Malan Salah ist sie weder das eine noch das andere, sondern schlicht flexibel. Avatar Malan Salah ist überall in ihrer Sphäre aktiv. Sie hat ein gigantisches Heer um sich herum und beteiligt sich auch außerhalb ihrer Sphäre an kriegerischen Operationen. Sie ist eine der größten Elfenkriegerinnen.

Unterstützt bei ...

Schwäche – wirkt bestimmend
Unterwürfigkeit – schenkt Erhabenheit
Befangenheit – fördert Courage
Unnahbarkeit – schenkt Sinnlichkeit

Themen von Avatar Malan Salah

Kampfkraft

Avatar Malan Salah zu beschreiben, ist verwirrend. Sie hat Facetten, die auf den ersten Blick unsichtbar sind. Wahrscheinlich trifft es das Wort »Kriegerin«. Ihre Fähigkeit, alles klar auf den Punkt zu bringen, ist herausragend.

Botschaft für DICH
Avatar Malan Salah unterstützt dich dabei, ohne Umwege deine Meinung zu äußern und für deine Rechte einzustehen oder zu kämpfen.

Dualseele

Avatar Malan Salahs Zwilling ist Tüylar. Im Gegensatz zu Malan Salah ist er ein überaus zurückhaltendes Wesen, das gern in Gesellschaft sein Wissen preisgibt und unterrichtet. Er ist ein begnadeter Lehrer. Malan Salah hingegen erwartet, dass ein Wesen alles sofort zu ihrer Zufriedenheit erledigt.

Botschaft für DICH
Für dich ist die Zeit gekommen, deine Position einzunehmen. Richte dich auf, und erwarte, dass deine Anweisungen befriedigend erfüllt werden.

Aktivität

Avatar Malan Salah ist eine Seele, die von allen Wesen erwartet, dass sie in jeder Situation ihr Bestes geben. Ausruhen oder Müßiggang sind bei ihr unvorstellbar. Sie selbst ist ununterbrochen aktiv an mehreren Projekten in und außerhalb ihrer Sphäre beteiligt.

Botschaft für DICH
Ganz gleich, welche Aufgaben du auf der Erde hast: Erfülle sie gewissenhaft und mit Liebe zum Detail. Werde aktiv, und beteilige dich am Leben in jeder Hinsicht.

Zeit für Magie

Avatar Malan Salah hat trotz ihrer bestimmenden Art eine überaus weiche und zärtliche Seite. Sie liebt alles, was mit Lust zu tun hat. Sie ist höchst sinnlich und lebt die Begehrlichkeit mit all ihrer Magie. Bittest du Avatar Malan Salah, dich zu unterstützen, wird sie dein Leben mit Magie bereichern.

Botschaft für DICH
Die Zeit ist gekommen, deinem Leben Magie einzuhauchen. Erfahre die Wunder des Universums auf der Erde. Avatar Malan Salah unterstützt dich dabei, wieder an das wundervolle Mysterium deiner Existenz zu glauben.

Kriegertum

Avatar Malan Salah ist eine Kriegerin. Ihre Begabung, Situationen exakt zu erfassen, ist ein Segen für alle Lebewesen. Sie zögert nicht, zu zerstören, wenn es die Begebenheit erfordert. Gleichzeitig ist sie befähigt, durch ihre Magie Heilung in Situationen zu bringen, die verloren scheinen. Erwählst du Avatar Malan Salah als Begleiterin, so wird sie nicht zulassen, dass du über dich bestimmen lässt.

Botschaft für DICH

Du bist ein Krieger. Erhebe dich, und setze dich für Werte ein, die dir wichtig sind. Sprich deine Wahrheit, auch wenn sich hierdurch eine Tür schließt. Durch deine Kraft wird sich ein wichtiges Portal für dich öffnen.

Bestimmung

Ist Malan Salah dein begleitender Avatar, wird dein Weg aus vielen Abenteuern und Konfrontationen mit dir selbst bestehen. Avatar Malan Salah zeigt dir fortwährend auf, wo du über dich bestimmen lässt und deine eigene Königlichkeit nicht lebst. Mit ihr musst du dein Haupt erheben und deine Göttlichkeit auf der Erde leben. Mit ihr ist Unterdrückung nicht möglich. Sie wird dich begleiten und dich dabei unterstützen, dich für Schwächere einzusetzen und sie von der Unterjochung zu befreien. Du wirst deine Bestimmung finden und ihr unerschrocken folgen.

Botschaft für DICH

Avatar Malan Salah übermittelt dir: »Öffne dich für die Magie deiner Seele, und folge unerschrocken deiner irdischen Aufgabe.«

Meditation: Avatar Malan Salah

Lege dich bequem auf eine dir angenehme Unterlage. Atme ein und aus, bis sich dein ganzer Körper in harmonischem Ein-klang mit deinem Atem bewegt. In diesem Augenblick nimmst du wahr, wie deine geistigen Sinne erwachen, und du richtest deinen Blick nach innen. Avatar Malan Salah ist bei dir, an deiner Seite. Sie lächelt dich an, breitet ihre Arme aus und umarmt dich herzlich. Du blickst direkt in ihre klaren Augen und fühlst dich behütet.

Nach einem kurzen Moment löst ihr euch voneinander, wäh-rend Avatar Malan Salah weiterhin sanft deine Hände hält. Ein wundervoller goldener Energiestrahl bahnt sich seinen Weg um euch herum und hüllt dich und Avatar Malan Salah vollkommen ein. Die Quelle der kraftvollen Energie ist Ava-tar Malan Salahs Herzchakra. Du genießt die Heilenergie, die dir Avatar Malan Salah zur Verfügung stellt. Behutsam neigt sie dir ihren Kopf entgegen. Achtsam berührt ihr Drittes Auge dein Drittes Auge. Ein feiner Energieimpuls strömt durch dein Drittes Auge in deinen gesamten Körper. Dein Körper nimmt die Energie dankbar auf, du fühlst dich erfrischt und lebendig. Avatar Malan Salah erhöht die Energie, wodurch eure Energie-zentren augenblicklich miteinander verschmelzen. Die leichten Energieimpulse verstärken sich, während ihr, Avatar Malan Salah und du, im gleichen Rhythmus schwingt. Die intensiv pulsierende Energie weitet sich aus und überträgt sich auf alles um dich he-rum. Avatar Malan Salah hat dein Energieniveau auf die siebte Dimensionsstufe angehoben. Der hochfrequente Energiestrahl aus Avatar Malan Salahs Drittem Auge übermittelt dir die Weisheit der Kriegerin. In diesem Moment fließt die Weisheit der kosmi-schen Kriegerin in deinen Körper ein. Du genießt die Energie und badest darin. Du beginnst, die Kraft der universalen Kriegerin von Avatar Malan Salah in dir wahrzunehmen. Die Weisheit fließt in jede Zelle deines Bewusstseins. Avatar Malan Sa-

lahs Lebhaftigkeit, Heiterkeit und
vollkommene Liebe pulsieren in
deiner Seele. Jede Zelle deines
Körpers saugt die Energie auf,
und du spürst, wie Lebhaftigkeit,
Heiterkeit und vollkommene Liebe
in dir erwachen. Fühle Avatar Malan
Salahs Lebhaftigkeit und Heiterkeit, die
dir ab jetzt in allen Bereichen deines Daseins
allzeit zur Verfügung stehen.

Avatar Malan Salahs Drittes Auge beginnt sanft und achtsam, seine
Energie zu verringern. Vorsichtig trennen sich eure Energien, doch
du bist weiterhin mit Avatar Malan Salah verbunden. Ein tiefes Gefühl der Freiheit breitet sich in dir aus. Avatar Malan Salah verabschiedet sich von dir.

Es wird für dich Zeit, ins Hier und Jetzt zurückzukehren. Lasse dir
Zeit, genieße deine Gefühle, und nimm dein Umfeld aus einem neuen
Blickwinkel wahr.

Avatar Poseidon

Name:	Avatar Poseidon – »Morgentau des Himmels«
Vorsteher von:	Wal- & Delfin-Sphäre
Farbe:	Helles Silber mit Rosa
Zwilling:	Avatar Zeus
Seelenpartner:	Avatar Leyphalia
Aufgabe:	Hüter der Wasserwelt, Autorität, durchs Leben gleiten, den Weg der eigenen Bewusstwerdung gehen, Bewusstsein für Neues öffnen

Energie & Charakter

Imposant, kraftvoll, ehrlich, stark, tragend, beschützend, behütend, gelassen – Avatar Poseidon ist eine in sich ruhende Seele, die eine große Macht und Entschlossenheit ausstrahlt. Kommunikation findet bei ihm auf nonverbaler Ebene statt und beeindruckt durch ihre Offenheit und Unmissverständlichkeit. In Avatar Poseidons Charakter ist keine Wankelmütigkeit zu finden, er lebt eine ausgesprochene Ehrlichkeit. Avatar Poseidon ist der unangefochtene Vorsteher der Wal- & Delfin-Sphäre. Er regiert die Sphäre mit Gewissenhaftigkeit und Ordnung. Avatar Poseidon offenbart dir die gesamte Unterwasserwelt auf der Erde und im Kosmos. In der Wal- & Delfin-Sphäre geht alles seinen gesitteten Gang, Unvorhersehbares kommt nicht vor. Avatar Poseidon überschaut alles und jeden mit unbeschreiblicher Gelassenheit. »Worte« sind nicht nötig, ein Blick von ihm genügt, damit wieder Ruhe und Disziplin einkehren. Poseidon ist eine markante Seele, in der Macht und Entschlossenheit zusammengefügt wurden. Seine Handlungen sind kurz und prägnant. Ausschweifungen oder langwierige Abenteuer liegen ihm nicht. Sein Motto ist: Kurz und intensiv.

Unterstützt bei ...
Falschheit – unterstützt Echtheit
Bestechlichkeit – sorgt für Unbestechlichkeit
Unentschlossenheit – verhilft zu mehr Entschlossenheit
Chaos – stärkt Disziplin

Themen von Avatar Poseidon

Ordnung
Avatar Poseidon zu beschreiben, ist mühelos. Das Wort »Aufrichtigkeit« trifft es gut. Seine Fähigkeit, alles unter Kontrolle zu haben, ist mystisch. Seine schlichte Anwesenheit genügt, um aus Chaos Ordnung entstehen zu lassen – und das mit Lichtgeschwindigkeit.

Botschaft für DICH
Avatar Poseidon unterstützt dich, die Ordnung in deinem Leben wiederherzustellen.

Stärken und Talente

Avatar Poseidons Zwilling ist Avatar Zeus. Poseidon ist wesentlich ruhiger, jedoch nicht weniger gebieterisch als sein Zwilling. Beide leben ihre majestätische Seele mit königlicher Selbstverständlichkeit. Avatar Poseidons Gelassenheit steht allerdings im Widerspruch zu Avatar Zeus' hitzigem Wesen.

Botschaft für DICH

Es ist jetzt der Moment gekommen, dich auf deine Stärken zu konzentrieren. Erforsche, was deine nächsten Schritte sind, und setze sie konsequent um.

Eigenverantwortung

Avatar Poseidon vermittelt allen Seelen, dass sie auf sich selbst gestellt sind. Er achtet peinlich genau darauf, keiner Seele ihre Eigenverantwortung zu nehmen. Er manipuliert niemals eine Seele und beobachtet mehr, als dass er Anordnungen ausspricht. Dennoch besteht nie Zweifel daran, wie der Auftrag lautet, den eine Seele von ihm erhält.

Botschaft für DICH

Achte auf Manipulationen deiner Mitmenschen dir gegenüber. Bleibe bei dir, und folge deinem Herzen. Lasse nicht zu, dass andere über dich bestimmen.

Schutz

Avatar Poseidon ist nicht ausschließlich eine starke Persönlichkeit, er besitzt durchaus eine väterlich-behütende Seite. Bemerkt er, dass eine Seele unter einem tiefen Prozess leidet, trägt er sie gern ein Stück des Weges. Er beschützt die Seele und hält alle Ströme fern, die zu einer Verschlechterung der Situation beitragen würden. Bittest du Avatar Poseidon, dich zu unterstützen, erhältst du einen strengen, unnachgiebigen Vater an deiner Seite.

Botschaft für DICH

Lehne dich zurück, und ruhe dich aus. Erholt wirst du deinen Weg leichter und fröhlicher gehen.

Aufrichtigkeit

Avatar Poseidon ist aufrichtig. Seine Wahrhaftigkeit unterstützt das gesamte Universum in vielerlei Hinsicht. Er hilft Seelen, aus der Illusion auszusteigen und zu erkennen, dass kein Wesen größer oder kleiner ist als sein Gegenüber. Die Manipulation ist hierbei die größte Illusion. Sie zeigt auf, dass das Wesen noch nicht bei sich selbst angekommen ist.

Botschaft für DICH

Sei aufrichtig dir selbst gegenüber. Achte und beachte deine innere Weisheit. Sie zeigt dir den Weg zu deinem wahren inneren Kern.

Manipulation

Ist Poseidon dein begleitender Avatar, so wird dein irdischer Weg nicht leicht. Avatar Poseidon wird darauf achten, dass du dich nicht manipulieren lässt. Ab und an könnte das zur Folge haben, dass du aus einer Gemeinschaft ausgeschlossen wirst. Avatar Poseidon wird dir die Besonnenheit und den Scharfblick zur Verfügung stellen, alle Manipulationen zu durchschauen. Du kannst frei und ohne Einschränkung deine Aufgabe oder deinen Auftrag auf der Erde erfüllen.

Botschaft für DICH

Avatar Poseidon übermittelt dir: »Ich bin da, wenn du mich brauchst. Ich stehe an deiner Seite und verfolge deinen Weg aufmerksam.«

Meditation: Avatar Poseidon

Lege dich bequem auf eine dir angenehme Unterlage. Atme ein und aus, bis sich dein ganzer Körper in harmonischem Einklang mit deinem Atem bewegt. In diesem Augenblick nimmst du wahr, wie deine geistigen Sinne erwachen, und du richtest deinen Blick nach innen. Avatar Poseidon ist bei dir, an deiner Seite. Er lächelt dich an, breitet seine Arme aus und umarmt dich herzlich. Du blickst direkt in seine klaren Augen und fühlst dich behütet.

Nach einem kurzen Moment löst ihr euch voneinander, während Avatar Poseidon weiterhin sanft deine Hände hält. Ein wundervoller silber-rosa Energiestrahl bahnt sich seinen Weg um euch herum und hüllt dich und Avatar Poseidon vollkommen ein. Die Quelle der kraftvollen Energie ist Avatar Poseidons Herzchakra. Du genießt die Heilenergie, die dir Avatar Poseidon zur Verfügung stellt. Behutsam neigt er dir seinen Kopf entgegen. Achtsam berührt sein Drittes Auge dein Drittes Auge. Ein feiner Energieimpuls strömt durch dein Drittes Auge in deinen gesamten Körper ein. Dein Körper nimmt die Energie dankbar auf, du fühlst dich erfrischt und lebendig. Avatar Poseidon erhöht die Energie, wodurch sich eure Energiezentren augenblicklich miteinander verschmelzen. Die leichten Energieimpulse verstärken sich, während ihr, Avatar Poseidon und du, im gleichen Rhythmus schwingt. Die intensiv pulsierende Energie weitet sich aus und überträgt sich auf alles um dich herum. Avatar Poseidon hat dein Energieniveau auf die siebte Dimensionsstufe angehoben. Der hochfrequente Energiestrahl aus Avatar Poseidons Drittem Auge übermittelt dir die Weisheit der Aufrichtigkeit. In diesem Moment fließt die Weisheit der kosmischen Aufrichtigkeit in deinen Körper ein. Du genießt die Energie und badest darin. Du beginnst, die Kraft der universalen Aufrichtigkeit von Avatar Poseidon in dir wahrzunehmen. Die Weisheit fließt in jede Zelle deines Bewusstseins. Avatar Poseidons Ehrlichkeit, Stärke und vollkommene Liebe pulsieren in deiner Seele. Jede Zelle deines Körpers saugt die Energie auf, und du spürst, wie Ehrlichkeit, Stärke und vollkommene Liebe in dir erwachen. Fühle Avatar Poseidons Ehrlichkeit und Stärke, die dir ab jetzt in allen Bereichen deines Daseins allzeit zur Verfügung stehen.

Avatar Poseidons Drittes Auge beginnt sanft und achtsam, seine Energie zu verringern. Vorsichtig trennen sich eure Energien, doch du bist weiterhin mit Avatar Poseidon verbunden. Ein tiefes Gefühl der Freiheit breitet sich in dir aus. Avatar Poseidon verabschiedet sich von dir.

Es wird für dich Zeit, ins Hier und Jetzt zurückzukehren. Lasse dir Zeit, genieße deine Gefühle, und nimm dein Umfeld aus einem neuen Blickwinkel wahr.

Avatar Sharon

Name:	Avatar Sharon –
	»Gott ist grenzenlos«
Vorsteher von:	Sirius-Sphäre
Farbe:	Helles Blau
Zwilling:	Avatar Avara
Seelenpartner:	Cherubim Tatatiel
Aufgabe:	Hüter der Erze und Metalle,
	Strategie, Fokus, Beharrlichkeit,
	Erfindungsreichtum, Produktivität,
	kosmische Gesetze verstehen

Energie & Charakter

In sich gekehrt und dennoch aufgeschlossen, unendlich geduldig, witzig, beobachtend, freundlich, beharrlich – Sharon ist ein sich selbst genügender Avatar. Er benötigt kein Gegenüber, um sich selbst zu erfahren. Avatar Sharon ist der Vorsteher der Sirius-Sphäre. Er führt diese mit Bedacht und Vernunft.

Seine Führungsrolle in der Sirius-Sphäre erfüllt er mit unendlicher Toleranz. Niemals würde er ausfallend oder emotional. Er agiert fortwährend achtsam und ist unermüdlich für seine Sphäre unterwegs. Avatar Sharon offenbart dir deinen Forschergeist. Er ist ein vorsichtiges Wesen, dass keine schnellen und voreiligen Entscheidungen zulässt. Alles muss erforscht, kontrolliert und anschließend geprüft werden. Er erteilt Aufträge erst nach gründlicher Rücksprache mit allen Beteiligten. Steht seine Meinung einmal fest, kann daran allerdings nichts mehr verändert werden. Sharon ist ein Avatar mit tief greifender Selbstbeherrschung. Er zeigt niemals Emotionen, sondern ist eher kühl und distanziert. Er wählt umsichtig alle Schritte und Handlungen für seine Sphäre aus. Obwohl Seraphim Michael, der Kriegerengel, der begleitende Seraphim der Sirius-Sphäre ist, hat Avatar Sharon selbst noch niemals eine kriegerische Handlung ausgeführt.

Unterstützt bei …

Aufgeregtheit – sorgt für Umsichtigkeit
Missgunst – stärkt Toleranz
Nervosität – schenkt Unerschütterlichkeit
Desinteresse – fördert Motivation
Besessenheit – schenkt Freiheit

Themen von Avatar Sharon

Forschergeist

Avatar Sharon zu beschreiben, ist einfach. Er ist ein »Forscher«. Seine geduldige Fähigkeit, niemals aufzugeben und einer Arbeit so lange nachzugehen, bis das Ergebnis vollkommen ist, ist phänomenal.

Botschaft für DICH

Avatar Sharon unterstützt dich dabei, deine Motivation, dich zu erforschen und zu entfalten, niemals zu verlieren.

Dualseele

Avatar Sharons Zwilling ist Avatar Avara. Während Avatar Sharon ein kühles Gemüt besitzt, ist Avatar Avara ein lustiger Geselle, der die Gesellschaft liebt und mit seiner Leichtigkeit überall gern gesehen ist. Er ist im Gegensatz zu seinem Zwilling an den verschiedensten Projekten überall im Universum beteiligt.

Botschaft für DICH

Behalte einen kühlen Kopf in schwierigen Situationen, und scheue dich nicht, Herausforderungen anzunehmen.

Entfaltung

Avatar Sharon ist ein geborener Lehrer. Jedoch unterrichtet er nicht in der Masse, sondern von Angesicht zu Angesicht. Seine niemals endende Motivation, Lösungen zu finden, ist unerschütterlich.

Botschaft für DICH

Du stehst kurz davor, einen tief greifenden Entfaltungsprozess zu vollbringen. Gib jetzt nicht auf, sondern sieh deine Stolpersteine als dein Fundament für etwas Neues.

Himmel und Erde

Avatar Sharons Wesen besticht durch seinen »englischen Humor«. Sharon ist kühl, und dennoch findet sein Humor in gänzlich unerwarteten Momenten den Weg an die Oberfläche. Allerdings überwiegt seine distanzierte Seite, die jedoch keine Überheblichkeit aufweist. Vielmehr ist es sein konzentrierter Forschergeist, der ihn unnahbar erscheinen lässt. Bittest du Avatar Sharon, dich zu unterstützen, wird dein Humor in dunklen Stunden zurückkehren und die Lösung sichtbar sein.

Botschaft für DICH

Erinnere dich an deine Göttlichkeit. Behalte immer im Blick, dass die Erde ein Projekt ist, das dir Möglichkeiten bietet, die du nirgends sonst findest. Du hast die goldene Karte für eine Inkarnation auf der Erde gezogen. Nutze deine Chance.

Suche nach Wahrheit

Avatar Sharon ist der absolute Forscher. Er erforscht alles bis ins kleinste Detail. Er gibt sich nicht mit Halbwahrheiten zufrieden, sondern analysiert jede Begebenheit tief greifend. Erwählst du Avatar Sharon als Begleiter, wirst du den Weg des Forschens gehen.

Botschaft für DICH

Konzentriere dich vollkommen auf dein Projekt, und erforsche die Wahrheit. Gib dich nicht mit der Hälfte zufrieden, behalte immer dein Ziel im Blick.

Pioniergeist

Ist Sharon dein begleitender Avatar, so wird dein irdischer Weg gegebenenfalls ein wenig einsam werden. Avatar Sharon leitet dich an, deinen Geist für deine eigene und die kosmische Weisheit zu öffnen. Er begleitet dich zu tiefer gehenden Arbeiten, die es dir ermöglichen, neue Entdeckungen auf der Erde zu vollbringen. Das benötigt Konzentration und Zeit. Dennoch animiert dich Avatar Sharon dazu, das irdische Alltagsleben gleichfalls in allen Einzelheiten zu erforschen.

Botschaft für DICH

Avatar Sharon übermittelt dir: »Öffne dich für das Neue. Schreite unerschrocken voran, und unterbreite Weggefährten deine Ideen. Erforsche alle Möglichkeiten, und sprenge alte Vorstellungen.«

Meditation: Avatar Sharon

Lege dich bequem auf eine dir angenehme Unterlage. Atme ein und aus, bis sich dein ganzer Körper in harmonischem Einklang mit deinem Atem bewegt. In diesem Augenblick nimmst du wahr, wie deine geistigen Sinne erwachen, und du richtest deinen Blick nach innen. Avatar Sharon ist bei dir, an deiner Seite. Er lächelt dich an, breitet seine Arme aus und umarmt dich herzlich. Du blickst direkt in seine klaren Augen und fühlst dich behütet.

Nach einem kurzen Moment löst ihr euch voneinander, während Avatar Sharon weiterhin sanft deine Hände hält. Ein wundervoller hellblauer Energiestrahl bahnt sich seinen Weg um euch herum und hüllt dich und Avatar Sharon vollkommen ein. Die Quelle der kraftvollen Energie ist Avatar Sharons Herzchakra. Du genießt die Heilenergie, die dir Avatar Sharon zur Verfügung stellt. Behutsam neigt er dir seinen Kopf entgegen. Achtsam berührt sein Drittes Auge dein Drittes Auge. Ein feiner Energieimpuls strömt durch dein Drittes Auge in deinen gesamten Körper. Dein Körper nimmt die Energie dankbar auf, du fühlst dich erfrischt und lebendig. Avatar Sharon erhöht die Energie, wodurch eure Energiezentren augenblicklich miteinander verschmelzen. Die leichten Energieimpulse verstärken sich, während ihr, Avatar Sharon und du, im gleichen Rhythmus schwingt. Die intensiv pulsierende Energie weitet sich aus und überträgt sich auf alles um dich herum. Avatar Sharon hat dein Energieniveau auf die siebte Dimensionsstufe angehoben. Der hochfrequente Energiestrahl aus Avatar Sharons Drittem Auge übermittelt dir die Weisheit der Forschung. In diesem Moment fließt die Weisheit der kosmischen Forschung in deinen Körper ein. Du genießt die Energie und badest darin. Du beginnst, die Kraft der universalen Forschung von Avatar Sharon in dir wahrzunehmen. Die Weisheit fließt in jede Zelle deines Bewusstseins ein. Avatar Sharons Aufgeschlossenheit, Beharrlichkeit und

vollkommene Liebe zu dir pulsieren
in deiner Seele. Jede Zelle deines
Körpers saugt die Energie auf,
und du spürst, wie Aufgeschlossenheit, Beharrlichkeit und vollkommene Liebe in dir erwachen.
Fühle Avatar Sharons Aufgeschlossenheit und Beharrlichkeit, die dir ab
jetzt in allen Bereichen deines Daseins allzeit
zur Verfügung stehen.

Avatar Sharons Drittes Auge beginnt sanft und achtsam, seine
Energie zu verringern. Vorsichtig trennen sich eure Energien, doch
du bist weiterhin mit Avatar Sharon verbunden. Ein tiefes Gefühl
der Freiheit breitet sich in dir aus. Avatar Sharon verabschiedet sich
von dir.

Es wird für dich Zeit, ins Hier und Jetzt zurückzukehren. Lasse dir
Zeit, genieße deine Gefühle, und nimm dein Umfeld aus einem neuen
Blickwinkel wahr.

Avatar Oronape

Name:	Avatar Oronape – »Göttliche Kreativität«
Vorsteher von:	Orion-Sphäre
Farbe:	Rot
Zwilling:	Avatar Artemis
Seelenpartner:	Avatar Nephtara
Aufgabe:	Hüter der Schöpferkraft, Kreativität, Veränderung, Vorstellungskraft, Fülle, Projekte erfolgreich umsetzen, Einfallsreichtum, Gefühl für Kunst

Energie & Charakter

Machtvoll, nachdrücklich, akkurat und fantasievoll – Avatar Oronape ist eine energische und dennoch feinsinnige Seele. Er ist der Vorsteher der Orion-Sphäre und ein rigoroser Avatar, der seine Sphäre kompromisslos begleitet. Selten offenbart er seine Gedankenwelt, wenn es dennoch geschieht, erschallt seine Energie in der gesamten Sphäre. Avatar Oronape ist überaus korrekt. Er duldet keine Energie, die der Göttlichkeit widerspricht. Sein Führungsstil unterscheidet sich dahingehend von anderen Avataren, dass er weitestgehend in der zwölften Dimension verweilt und diese nur in Ausnahmefällen verlässt. Avatar Oronape erteilt Avataren aus der Orion-Sphäre Aufträge, die diese anschließend für ihn erfüllen. Alle Seelen der Sphäre – und auch »Besucher« – müssen sich strikt an die kosmischen Schöpfungsgesetze halten. Obwohl Avatar Oronape in der zwölften Dimension verweilt, ist seine Energie in jedem Winkel der Sphäre spürbar, er unterstützt die Seelen in ihrem Aufwachprozess. Die Macht, die in der Schöpfungskraft liegt, lässt wenig bis gar keinen Spielraum für negative Gefühle oder Gedanken. Oronape schenkt dir Schöpferkraft in allen Bereichen.

Unterstützt bei …
Fantasielosigkeit – verleiht Fantasie
Nachlässigkeit – fördert Exaktheit
Verwahrlosung – verhilft zu mehr Ordentlichkeit
Respektlosigkeit – stärkt Respekt

Themen von Avatar Oronape

Fantasie & Kreativität
Avatar Oronape zu beschreiben, ist unkompliziert. Das Wort »energisch« trifft es am besten. Seine Fähigkeiten, etwas zu erschaffen, sind unerschöpflich. Er ist dergestalt kreativ, dass er auch ohne zu zögern das gesamte Universum neugestalten würde.

Botschaft für DICH
Avatar Oronape unterstützt dich in deiner Fantasie. Sprenge alle irdischen Regeln, und gib dich deiner göttlichen Allmacht hin.

Dualseele

Avatar Oronapes Zwilling ist Artemis. Avatar Artemis ist eine wilde Seele, die ihre Freiheit liebt und sich niemals nur in einer Sphäre und Dimension aufhalten würde – ganz im Gegensatz zu ihrem Zwilling, der ungern seinen angestammten Platz verlässt. Jedoch lieben beide die Schlichtheit.

Botschaft für DICH

Es ist nicht wichtig, an welchem Ort du dich befindest. Wichtig ist, dass du in all deine Projekte schöpferische Energie fließen lässt.

Schöpferkraft

Avatar Oronape gestaltet das Universum maßgeblich mit. Er schöpft ununterbrochen aus seiner Energie, aus seiner Göttlichkeit heraus. Hierdurch ist das Universum fähig, Formen und Konstrukte zu bilden, beispielsweise Galaxien oder schlichter, die menschliche, tierische und pflanzliche Beschaffenheit. Er verhilft allen Seelen zu ihrem materiellen Dasein im Kosmos.

Botschaft für DICH

Die Zeit ist gekommen, deine Schöpferkraft zu entfalten. Konzentriere dich auf deinen Erfolg, und kreiere dein Leben.

Klarheit

Avatar Oronape ist deutlich in seinen Aussagen – Fehldeutungen oder -interpretationen gibt es bei ihm nicht. Seine resolute Energie ist dominant, was nicht bedeutet, dass er seine feinsinnige Ader niemals zeigt. Sie ist spürbar, sofern er es für richtig erachtet. Bittest du Avatar Oronape um Unterstützung, wirst du deinen Weg resolut gehen können.

Botschaft für DICH

Es ist wichtig, dass du dir über deine Ambitionen klar wirst. Was willst du und warum?

Neuordnung

Avatar Oronape ist Schöpfung. Seine Kraft und Macht, das gesamte materielle Universum zu bewegen, sind phänomenal. Er verknüpft wie kein anderes Wesen alle losen Enden und verwebt sie zu einem wunderschönen Muster. Erwählst du Avatar Oronape als Begleiter, wird er dich fördern, deiner Fantasie freien Lauf zu lassen.

Botschaft für DICH

Öffne deine Sinne für die feinstoffliche Ebene, und verknüpfe alle losen Enden in deinem Leben. Webe deine Lebensumstände neu.

Sprengen der menschlichen Wahrnehmung

Ist Oronape dein begleitender Avatar, wirst du auf deinem irdischen Weg immer wieder vor Herausforderungen gestellt, in denen es darum geht, deiner Kreativität freien Lauf zu lassen. Avatar Oronape konfrontiert dich mit deiner Engstirnigkeit, die aus deiner menschlichen Denkweise resultiert, und fordert dich auf, über den Tellerrand zu schauen. Er hilft dir, deine menschliche Wahrnehmung zu sprengen und in die feinstoffliche Ebene einzutauchen.

Botschaft für DICH

Avatar Oronape übermittelt dir: »Erkenne, wer du wirklich bist: dein eigener Schöpfer.«

Meditation: Avatar Oronape

Lege dich bequem auf eine dir angenehme Unterlage. Atme ein und aus, bis sich dein ganzer Körper in harmonischem Einklang mit deinem Atem bewegt. In diesem Augenblick nimmst du wahr, wie deine geistigen Sinne erwachen, und du richtest deinen Blick nach innen. Avatar Oronape ist bei dir, an deiner Seite. Er lächelt dich an, breitet seine Arme aus und umarmt dich herzlich. Du blickst direkt in seine klaren Augen und fühlst dich behütet.

Nach einem kurzen Moment löst ihr euch voneinander, während Avatar Oronape weiterhin sanft deine Hände hält. Ein wundervoller roter Energiestrahl bahnt sich seinen Weg um euch herum und hüllt dich und Avatar Oronape vollkommen ein. Die Quelle der kraftvollen Energie ist Avatar Oronapes Herzchakra. Du genießt die Heilenergie, die dir Avatar Oronape zur Verfügung stellt. Behutsam neigt er dir seinen Kopf entgegen. Achtsam berührt sein Drittes Auge dein Drittes Auge. Ein feiner Energieimpuls strömt durch dein Drittes Auge in deinen gesamten Körper. Dein Körper nimmt die Energie dankbar auf, und du fühlst dich erfrischt und lebendig. Avatar Oronape erhöht die Energie, und in diesem Augenblick verschmelzen eure Energiezentren miteinander. Die leichten Energieimpulse verstärken sich, während ihr, Avatar Oronape und du, im gleichen Rhythmus schwingt. Die intensiv pulsierende Energie weitet sich aus und überträgt sich auf alles um dich herum. Avatar Oronape hat dein Energieniveau auf die siebte Dimensionsstufe angehoben. Der hochfrequente Energiestrahl aus Avatar Oronapes Drittem Auge übermittelt dir die Weisheit der Nachdrücklichkeit. In diesem Moment fließt die Weisheit der kosmischen Nachdrücklichkeit in deinen Körper ein. Du genießt die Energie und badest darin. Du beginnst, die Kraft der universalen Nachdrücklichkeit von Avatar Oronape in dir wahrzunehmen. Die Weisheit fließt in jede Zelle deines Bewusstseins. Avatar Oronapes Macht, Fantasie und vollkommene Liebe pulsieren in deiner Seele. Jede Zelle deines Körpers saugt die Energie auf, und du spürst, wie Macht, Fantasie und vollkommene Liebe in dir erwachen. Fühle Avatar Oronapes Macht und Fantasie, die dir ab jetzt in allen Bereichen deines Daseins allzeit zur Verfügung stehen.

Avatar Oronapes Drittes Auge beginnt sanft und achtsam, seine Energie zu verringern. Vorsichtig trennen sich eure Energien, doch du bist weiterhin mit Avatar Oronape verbunden. Ein tiefes Gefühl der Freiheit breitet sich in dir aus. Avatar Oronape verabschiedet sich von dir.

Es wird für dich Zeit, ins Hier und Jetzt zurückzukehren. Lasse dir Zeit, genieße deine Gefühle, und nimm dein Umfeld aus einem neuen Blickwinkel wahr.

Avatar Aaron Shiro

Name:	Avatar Aaron Shiro – »Der Weg der Erleuchtung«
Vorsteher von:	Plejaden-Sphäre
Farbe:	Helles Lila
Zwilling:	Avatar Daymas
Seelenpartner:	Seraphim Luthiel
Aufgabe:	Hüter der göttlichen Kommunikation, Anmut, Empfangen der göttlichen Botschaften, Willensstärke, Geduld

Energie & Charakter

Leise, friedfertig, behutsam und nachgiebig – Avatar Aaron Shiro ist ein samtweiches Wesen, das niemals einen negativen Gedanken gelebt oder erfahren hat. Er ist der Vorsteher der Plejaden-Sphäre, ein vollendeter Lyriker und führt die Sphäre mit lockerer Souveränität. Er ist unbeschreiblich hingebungsvoll gegenüber allen Seelen im Universum. Er dient sowohl seiner eigenen Sphäre als auch dem gesamten Kosmos. Die unteren Dimensionen besucht er leider selten. Materie liegt ihm nicht sonderlich. Er verweigert sich der Aufgabe, Aufträge zu erteilen. Lieber diskutiert und erörtert er mit jeder einzelnen Seele ihren Bewusstseinszustand und hilft bei der weiteren Vorgehensweise. Avatar Aaron Shiro ist ein leises Wesen, das allzeit für die gesamte Schöpfung zur Verfügung steht. Seine Charakterstärke besticht durch zarte Ausstrahlung. Avatar Aaron Shiros Handlungen sind bedächtig und sanft. Seine Energie ist allumfassende Hingabe zu jeder Art der Kommunikation. Sacht und achtsam lehrt er allen Seelen im Universum die göttliche Sprache. Avatar Aaron Shiro offenbart dir die Kunst der Kommunikation.

Unterstützt bei …

Stottern – verhilft zu einer klaren Aussprache
fehlenden Worten – hilft, die richtigen Worte zu finden
Grobheit – fördert Feingefühl
Taktlosigkeit – fördert Höflichkeit

Themen von Avatar Aaron Shiro

Sanftheit

Avatar Aaron Shiro zu beschreiben, ist beschwerlich. Am ehesten trifft es vielleicht das Wort »bedächtig«. Seine Sanftheit hat viele Nuancen, die in der menschlichen Sprache keinen Ausdruck finden. Die Art seiner vielfältigen sanften Ausdrucksformen ist für menschliche Gefühle wie ein Hauch, ein Wort, geflüstert im sommerlichen Abendwind … Aaron Shiro.

Botschaft für DICH
Zeige offen deine gefühlvolle Seite. Gleich, ob weiblicher oder männlicher Natur, Zartheit ist dein göttliches Recht.

Dualseele

Avatars Aaron Shiro Zwilling ist Daymas. Avatar Daymas ist das genaue Gegenteil von Aaron Shiro. Er ist laut und sprüht vor überschäumender Energie. Er ist immer zu Späßen aufgelegt und mischt überall aktiv mit. Avatar Aaron Shiro ist leise und arbeitet im Stillen.

Botschaft für DICH

Es ist nicht wichtig, dass deine Arbeit, deine Handlungen offensichtlich sind. Erfülle deinen Auftrag, und sei gewiss, deine feinstofflichen Begleiter sehen dich und dein Wirken.

Frieden stiften

Avatar Aaron Shiro ist eine Seele, die ihren Blick überall hinwendet. Er spricht in vielerlei Sprachen und vermittelt zwischen zerstrittenen Parteien. Durch seine neutrale Energie ist er für diese Aufgabe hervorragend geeignet. Er gibt jedoch keine Lösungen. Diese müssen die Parteien durch Kommunikation selbst finden.

Botschaft für DICH

Du hast die Fähigkeit, Frieden in ausweglose Situationen zu bringen. Sei mutig, und nimm deine Aufgabe an. Du bist ein Friedensstifter.

Friedliche Kommunikation

Avatar Aaron Shiros Charakter weist neben seiner feinen Energie keine Eigenschaften auf, die gegenläufig wären. Er ist und bleibt schlicht fein und sanft. Seine besonnene Sprache besänftigt jedes Wesen. Bittest du Avatar Aaron Shiro um Unterstützung, wird er dir unterschiedliche Kommunikationswege aufzeigen.

Botschaft für DICH

Erlebst du gerade selbst eine Kommunikation, die in Streit ausartet, dann erinnere dich an Avatar Aaron Shiro, und richte deine Energie auf die friedliche Kommunikation. Sie ist neutral und niemals angreifend.

Hilfe in der Kommunikation

Avatar Aaron Shiro ist Kommunikation. Alles ist Schwingung und wird in unterschiedliche Materie gewandelt. Die Sprache der Musik, die menschliche Sprache, Gesten, Lichtsprache oder reine Schwingung – die göttliche Sprache ist unendlich vielfältig. Erwählst du Avatar Aaron Shiro als Begleiter, so werden deine Sprachkenntnisse unvermittelt ansteigen.

Botschaft für DICH

Nutze deine Möglichkeiten, Menschen zu verbinden und ihnen bei ihrer Kommunikation zu helfen.

Kommunikation & Verhandlungsgeschick

Ist Aaron Shiro dein begleitender Avatar, so werden im Zentrum deines Weges auf der Erde die Sprache und die Kommunikation stehen. Avatar Aaron Shiro wird dich dabei unterstützen, leicht Sprachen zu erlernen und diese anzuwenden. Zudem wirst du ein hervorragendes Geschick für jegliche Art von Verhandlungen entwickeln und sie geschickt zum Wohle aller Menschen lenken. Diplomatie wird dir leichtfallen. Avatar Aaron Shiro unterstützt dich dabei, globale Zusammenhänge zu erkennen.

Botschaft für DICH

Avatar Aaron Shiro übermittelt dir: »Du bist ein Sprachtalent. Nutze deine Möglichkeiten, und erfülle deine Lebensaufgabe, ein göttlicher Diplomat zu sein.«

Meditation: Avatar Aaron Shiro

Lege dich bequem auf eine dir angenehme Unterlage. Atme ein und aus, bis sich dein ganzer Körper in harmonischem Einklang mit deinem Atem bewegt. In diesem Augenblick nimmst du wahr, wie deine geistigen Sinne erwachen, und du richtest deinen Blick nach innen. Avatar Aaron Shiro ist bei dir, an deiner Seite. Er lächelt dich an, breitet seine Arme aus und umarmt dich herzlich. Du blickst direkt in seine klaren Augen und fühlst dich behütet.

Nach einem kurzen Moment löst ihr euch voneinander, während Avatar Aaron Shiro weiterhin sanft deine Hände hält. Ein wundervoller lila Energiestrahl bahnt sich seinen Weg um euch herum und hüllt dich und Avatar Aaron Shiro vollkommen ein. Die Quelle der kraftvollen Energie ist Avatar Aaron Shiros Herzchakra. Du genießt die Heilenergie, die dir Avatar Aaron Shiro zur Verfügung stellt. Behutsam neigt er dir seinen Kopf entgegen. Achtsam berührt sein Drittes Auge dein Drittes Auge. Ein feiner Energieimpuls strömt durch dein Drittes Auge in deinen gesamten Körper. Dein Körper nimmt die Energie dankbar auf, und du fühlst dich erfrischt und lebendig. Avatar Aaron Shiro erhöht die Energie, wodurch eure Energiezentren augenblicklich miteinander verschmelzen. Die leichten Energieimpulse verstärken sich, während ihr, Avatar Aaron Shiro und du, im gleichen Rhythmus schwingt. Die intensiv pulsierende Energie weitet sich aus und überträgt sich auf alles um dich herum. Avatar Aaron Shiro hat dein Energieniveau auf die siebte Dimensionsstufe angehoben. Der hochfrequente Energiestrahl aus Avatar Aaron Shiros Drittem Auge übermittelt dir die Weisheit der Bedächtigkeit. In diesem Moment fließt die Weisheit der kosmischen Bedächtigkeit in deinen Körper. Du genießt die Energie und badest darin. Du beginnst, die Kraft der universalen Bedächtigkeit von Avatar Aaron Shiro in dir wahrzunehmen. Die Weisheit fließt in jede Zelle deines Bewusstseins. Avatar Aaron Shiros

Nachgiebigkeit, Behutsamkeit und vollkommene Liebe zu dir pulsieren in deiner Seele. Jede Zelle deines Körpers saugt die Energie auf, und du spürst, wie Nachgiebigkeit, Behutsamkeit und vollkommene Liebe in dir erwachen. Fühle Avatar Aaron Shiros Nachgiebigkeit und Behutsamkeit, die dir ab jetzt in allen Bereichen deines Daseins allzeit zur Verfügung stehen.

Avatar Aaron Shiros Drittes Auge beginnt sanft und achtsam, seine Energie zu verringern. Vorsichtig trennen sich eure Energien, doch du bist weiterhin mit Avatar Aaron Shiro verbunden. Ein tiefes Gefühl der Freiheit breitet sich in dir aus. Avatar Aaron Shiro verabschiedet sich von dir.

Es wird für dich Zeit, ins Hier und Jetzt zurückzukehren. Lasse dir Zeit, genieße deine Gefühle, und nimm dein Umfeld aus einem neuen Blickwinkel wahr.

Avatar Alewar

Name:	Avatar Alewar – »Göttliches Zentrum in mir«
Vorsteherin von:	Larimar-Sphäre
Farbe:	Helles Türkis
Zwilling:	Avatar Elosimur
Seelenpartner:	Avatar Yuratimo
Aufgabe:	Hüterin der kindlichen Unschuld, Verbundenheit, Selbstvertrauen, Freude über das eigene Dasein

Energie & Charakter

Verspielt, kindlich, meditativ und naiv – Avatar Alewar ist eine kindliche Seele, die ihre gesamte Ausrichtung auf Gott lenkt. Ihre Naivität entspringt ihrer wundervollen Unschuld, die sie in jeder Sekunde ihres Seins lebt. Sie ist Vorsteherin der Larimar-Sphäre. Die Position eines Vorstehers in einer

Seelensphäre ist obligatorisch. Jede Seelensphäre hat eine/-n Vorsteher/-in. Dennoch wird das Amt nicht unbedingt immer aktiv begleitet. In der Larimar-Sphäre ist das Amt mehr oder weniger pro forma vergeben. Die Sphäre funktioniert an sich autark. Dennoch wird eine Vorsteherin benötigt, die die Interessen der Seelensphäre im großen universellen Rat wahrnimmt. Avatar Alewar begleitet die Sphäre locker und erteilt selten Anordnungen oder Aufträge. Sie übermittelt lediglich die Beschlüsse aus den kosmischen Räten oder sonstige Gegebenheiten. Negativität ist in der Larimar-Sphäre unbekannt, alle Wesen leben in liebevollem Miteinander. So auch Avatar Alewar. Ihre herzerwärmende Hingabe an die universelle Schöpfung berührt tief. Avatar Alewar offenbart dir die Unschuld deiner göttlichen Herkunft.

Unterstützt bei …

Berechnung – stärkt die Absichtslosigkeit
Zerstreutheit – unterstützt die Meditation
Schwärmerei – schärft den Sinn für Realität
Verlust des Glaubens – stärkt den Glauben

Themen von Avatar Alewar

Unschuld

Nichts ist leichter als Avatar Alewar zu beschreiben: »Unschuld« ist das beste Wort. Ihre Fähigkeiten, Negativität in Unschuld zu wandeln, ist pure Magie. In ihr ist und war niemals etwas anderes als die Absicht, vollkommen in Gott zu existieren.

Botschaft für DICH
Avatar Alewar bringt dich zu deiner kindlichen Sichtweise zurück.

Kosmische Verbundenheit

Avatar Alewars Zwilling ist Elosimur. Beide haben niemals ihre vollkommene Bewusstheit verloren und existieren seit Anbeginn unseres Universums in der zwölften Dimension. Beide sind sich außerordentlich ähnlich, es besteht nahezu kein Unterschied zwischen ihnen. Im Gegensatz zu den meisten anderen Zwillingspaaren, außer den Engeln, gehören sie derselben Seelensphäre an.

Botschaft für DICH

Fühle dich mit allen Seelen eins. Fühle dich mit allen Wesen irdisch und kosmisch liebevoll verbunden.

Meditation

Avatar Alewar verbringt die meiste Zeit in meditativem Zustand. Sie hält die Verbindung zur Einheit aufrecht und übermittelt allen Wesen in der Larimar-Sphäre die Energie der allumfassenden Liebe. Ihre Ausrichtung auf Gott verhindert die Wahrnehmung jeglicher Negativität – auch außerhalb ihrer Sphäre.

Botschaft für DICH

Es ist Zeit, zu meditieren. Meditiere jeden Tag über ein Thema deiner Wahl.

Auszeit

Avatar Alewar lebt in vollen Zügen ihre Kindlichkeit aus. Sie lebt in den Tag hinein. Bei ihr ist alles frei und ungezwungen. Jede Seele in Larimar geht ihrer Wege. Falls ein Wesen Unterstützung von Avatar Alewar benötigt, was selten vorkommt, steht sie für einen kurzen Augenblick zur Verfügung. Kommuniziert wird wenig bis gar nicht. Avatar Alewar übermittelt einzig ihre Sichtweise. Hiermit erhält die Seele eine weitere Betrachtungsweise und muss dann selbstständig ihre weiteren Schritte wählen. Bittest du Avatar Alewar um Unterstützung, wird sie dir lediglich ihre Energie zur Verfügung stellen.

Botschaft für DICH

Vergiss für eine Weile deine Verpflichtungen als Erwachsener. Lebe in den Tag hinein, und erhole dich. Gönne dir eine Pause von deinem Alltag.

Achtsamkeit

Avatar Alewar ist Unschuld. Ihre Handlungen sind absolut absichtslos. Sie besitzt die Fähigkeit, zu denken, wie wir es nicht kennen. Sie handelt immer im Augenblick, im Moment, im Jetzt. Sie kann nicht das Gestern, das Heute oder das Morgen sehen. Sie sieht unendliches Dasein, immerwährendes Bewusstsein. Ihre Weisheit entsteht im Augenblick, und im nächsten ist sie im Nichts. Erwählst du Avatar Alewar als Begleitung, wird sie dich lehren, im Moment zu leben.

Botschaft für DICH

Halte einen Augenblick inne. Leere deinen Kopf von irdischen Gedanken. Lasse alle irdischen Energien von dir abfließen. Fühle JETZT den Moment. Spüre JETZT den Augenblick. Nimm das NICHTS wahr.

Irdische Befreiung

Ist Alewar dein begleitender Avatar, so wird dein Leben aus Freiheit bestehen. Du wirst Besitz als Belastung empfinden. Dich an Menschen zu binden, liegt dir nicht. Avatar Alewar wird dich lehren, dass erwachsen zu sein nichts weiter bedeutet, als Erfahrungen auf der Erde erlebt zu haben. Sie wird dir zu verstehen geben, dass du dich wieder an deine kindliche Betrachtungsweise erinnern solltest.

Botschaft für DICH

Erkenne die Fesseln des irdischen Daseins. Befreie dich von unnötigem irdischem Besitz.

Meditation: Avatar Alewar

Lege dich bequem auf eine dir angenehme Unterlage. Atme ein und aus, bis sich dein ganzer Körper in harmonischem Einklang mit deinem Atem bewegt. In diesem Augenblick nimmst du wahr, wie deine geistigen Sinne erwachen, und du richtest deinen Blick nach innen. Avatar Alewar ist bei dir, an deiner Seite. Sie lächelt dich an, breitet ihre Arme aus und umarmt dich herzlich. Du blickst direkt in ihre klaren Augen und fühlst dich behütet.

Nach einem kurzen Moment löst ihr euch voneinander, während Avatar Alewar weiterhin sanft deine Hände hält. Ein wundervoller türkisfarbener Energiestrahl bahnt sich seinen Weg um euch herum und hüllt dich und Avatar Alewar vollkommen ein. Die Quelle der kraftvollen Energie ist Avatar Alewars Herzchakra. Du genießt die Heilenergie, die dir Avatar Alewar zur Verfügung stellt. Behutsam neigt sie dir ihren Kopf entgegen. Achtsam berührt ihr Drittes Auge dein Drittes Auge. Ein feiner Energieimpuls strömt durch dein Drittes Auge in deinen gesamten Körper. Dein Körper nimmt die Energie dankbar auf, und du fühlst dich erfrischt und lebendig. Avatar Alewar erhöht die Energie, und in diesem Augenblick verschmelzen eure Energiezentren miteinander. Die leichten Energieimpulse verstärken sich, während ihr, Avatar Alewar und du, im gleichen Rhythmus schwingt. Die intensiv pulsierende Energie weitet sich aus und überträgt sich auf alles um dich herum. Avatar Alewar hat dein Energieniveau auf die siebte Dimensionsstufe angehoben. Der hochfrequente Energiestrahl aus Avatar Alewars Drittem Auge übermittelt dir die Weisheit der Meditation. In diesem Moment fließt die Weisheit der kosmischen Meditation in deinen Körper. Du genießt die Energie und badest darin. Du beginnst, die Kraft der universalen Meditation von Avatar Alewar in dir wahrzunehmen. Die Weisheit fließt in jede Zelle deines Bewusstseins. Avatar Alewars Verspieltheit, Naivität und vollkommene

Liebe pulsieren in deiner Seele. Jede Zelle deines Körpers saugt die Energie auf, und du spürst, wie Verspieltheit, Naivität und vollkommene Liebe in dir erwachen.

Fühle Avatar Alewars Verspieltheit und Naivität, die dir ab jetzt in allen Bereichen deines Daseins allzeit zur Verfügung stehen.

Avatar Alewars Drittes Auge beginnt sanft und achtsam, seine Energie zu verringern. Vorsichtig trennen sich eure Energien, doch du bist weiterhin mit Avatar Alewar verbunden. Ein tiefes Gefühl der Freiheit breitet sich in dir aus. Avatar Alewar verabschiedet sich von dir.

Es wird für dich Zeit, ins Hier und Jetzt zurückzukehren. Lasse dir Zeit, genieße deine Gefühle, und nimm dein Umfeld aus einem neuen Blickwinkel wahr.

Avatar Sora

Name:	Avatar Sora –
	»Heller Glanz der Sonne«
Vorsteherin von:	Sun- & Star-Sphäre
Farbe:	Orange/Blau
Zwilling:	Avatar Daytoton
Seelenpartner:	Avatar Wombar
Aufgabe:	Hüterin der kosmischen Freiheit,
	Grenzen aufzeigen, Mitgefühl, sich
	in sich selbst zu Hause fühlen,
	Unabhängigkeit, eigene Erneuerung,
	Vernetzung, Erleuchtung

Energie & Charakter

Freiheitsliebend, bestimmend, ermunternd und keck – Avatar Sora ist eine draufgängerische, immer gut gelaunte Persönlichkeit. Avatar Sora ist ein strahlendes Sonnenwesen und die Vorsteherin der Sun- & Star-Sphäre. Genau genommen ist Sun & Star keine Seelensphäre im herkömmlichen Sinne. Sie ist vielmehr ein lockerer Verbund, in dem Avatar Sora die Fäden fest in ihren Händen hält. Bei ihr laufen alle Informationen aus allen Dimensionen und Ebenen zusammen. Das ist eine gigantische Aufgabe, betrachten wir nur unser Sonnensystem, unsere Galaxie und unsere Dimension. Ihre Energie ist fähig, alle Sterne, Planeten, Monde und sonstige Himmelswesen zu vereinen. Als Sonnenwesen ist Avatar Sora es gewohnt, fröhlich zu strahlen. Sie begleitet ihre Sphäre mit Disziplin und Ordnung und erfüllt ihre Führungsrolle, indem sie schwungvoll Befehle erteilt. Durch ihre überschäumende Lebensfreude stört das jedoch keinen. Avatar Sora offenbart dir Selbstständigkeit in allen Bereichen deines Lebens.

Unterstützt bei …
Ermattung – verleiht Optimismus
Beklemmung – führt zu Entzücken
Hass – schenkt Glücksgefühle
Unmut – fördert gute Laune

Themen von Avatar Sora

Lichtblick
Um Avatar Sora zu beschreiben, gäbe es Milliarden von Möglichkeiten. Das Wort »Lebensfreude« trifft es jedoch ganz gut. Ihre unbeschreiblich lebensbejahende Energie erstrahlt über die gesamte zwölfte Dimension. Ganz gleich, mit welchen Themen sie konfrontiert wird, die Lösung liegt für sie zuallererst in einem »Lachen«.

Botschaft für DICH
Avatar Sora unterstützt dich in deinen dunklen Stunden und schenkt dir ein Licht.

Dualseele

Avatar Soras Zwilling ist Daytoton. Avatar Sora ist ein Sonnenwesen und pure Lebensfreude, Avatar Daytoton hingegen ein Stern und an Ernsthaftigkeit nicht zu überbieten. Sie gleichen einander aus und ergänzen sich hervorragend.

Botschaft für DICH

Es ist nicht wichtig, dass dein Gegenüber die gleichen Interessen hat wie du. Es ist wichtig, dass du deinem Gegenüber das Gefühl gibst, dass du all seine Schwächen und Stärken akzeptierst.

Leichtigkeit

Avatar Sora wischt alle Einwände gegen ihre Entscheidungen und Handlungen beiseite. Sie handelt aus einer unbedarften Freude heraus. Die Folgen sind oft unabsehbar, was jedoch niemanden ernsthaft aus der Fassung bringt. Alles wird von ihr als großes Erlebnis oder Spiel betrachtet. Einzig in den unteren Dimensionen wie unserer achtet Avatar Sora darauf, dass die Sternen- und Planetenwesen ihren Auftrag erfüllen.

Botschaft für DICH

Sorge dich nicht, lebe dein Leben mit allen Konsequenzen.

Sprengen der Konventionen

Avatar Sora besitzt vorwiegend ein erheiterndes und fröhliches Gemüt. Trübsal ist ihr fremd, ebenso wie Abhängigkeit. Sie liebt es, wenn Sonnen-, Sternen- oder Planeten-Wesen ihre Aufgaben erhalten und beschließen, genau das Gegenteil zu vollbringen. Sie behält jedoch immer den Überblick und fädelt geschickt die Gegenmaßnahmen ein. So bleibt alles in Harmonie und im Gleichgewicht. Bittest du Avatar Sora, dich zu unterstützen, wird dein Leben kurzum auf den Kopf gestellt.

Botschaft für DICH

Halte nicht an alten Verhaltensregeln fest. Sprenge alle Konventionen, und lebe nach Lust und Laune. Das konforme Leben ist nicht dein Ziel.

Aktivität

Avatar Sora ist Selbstständigkeit. Sie lässt sich von niemandem beeinflussen, und eine Einmischung in ihre Führung verbietet sie sich. Zudem nimmt sie ihre Verantwortung ernst. Erwählst du Avatar Sora als Begleiterin, wird dein irdisches Dasein eine Herausforderung für dich.

Botschaft für DICH

Die Zeit des Müßiggangs ist beendet. Dein Abenteuer wartet, es geht los.

Neue Wege

Ist Sora dein begleitender Avatar, wird dein Leben ein einziges Abenteuer. Du kannst und wirst nicht wissen, was morgen geschieht und wohin dich deine Füße im nächsten Augenblick tragen. Avatar Sora wird dich unaufhörlich mit deiner Unbeweglichkeit konfrontieren und dich auf Weltreise schicken. Mit ihr lernst du, alle Höhen und Tiefen eines irdischen Daseins kennen. Nicht alles wird geschehen, wie es geplant war. Avatar Sora hat immer mehrere Pläne zur Hand.

Botschaft für DICH

Avatar Sora übermittelt dir: »Erhebe dein Haupt, und suche neue spannende Wege.«

Meditation: Avatar Sora

Lege dich bequem auf eine dir angenehme Unterlage. Atme ein und aus, bis sich dein ganzer Körper in harmonischem Einklang mit deinem Atem bewegt. In diesem Augenblick nimmst du wahr, wie deine geistigen Sinne erwachen, und du richtest deinen Blick nach innen. Avatar Sora ist bei dir, an deiner Seite. Sie lächelt dich an, breitet ihre Arme aus und umarmt dich herzlich. Du blickst direkt in ihre klaren Augen und fühlst dich behütet.

Nach einem kurzen Moment löst ihr euch voneinander, während Avatar Sora weiterhin sanft deine Hände hält. Ein wundervoller orangener Energiestrahl bahnt sich seinen Weg um euch herum und hüllt dich und Avatar Sora vollkommen ein. Die Quelle der kraftvollen Energie ist Avatar Soras Herzchakra. Du genießt die Heilenergie, die dir Avatar Sora zur Verfügung stellt. Behutsam neigt sie dir ihren Kopf entgegen. Achtsam berührt ihr Drittes Auge dein Drittes Auge. Ein feiner Energieimpuls strömt durch dein Drittes Auge in deinen gesamten Körper. Dein Körper nimmt die Energie dankbar auf, und du fühlst dich erfrischt und lebendig. Avatar Sora erhöht die Energie, wodurch eure Energiezentren augenblicklich miteinander verschmelzen. Die leichten Energieimpulse verstärken sich, während ihr, Avatar Sora und du, im gleichen Rhythmus schwingt. Die intensiv pulsierende Energie weitet sich aus und überträgt sich auf alles um dich herum. Avatar Sora hat dein Energieniveau auf die siebte Dimensionsstufe angehoben. Der hochfrequente Energiestrahl aus Avatar Soras Drittem Auge übermittelt dir die Weisheit der Lebensfreude. In diesem Moment fließt die Weisheit der kosmischen Lebensfreude in deinen Körper. Du genießt die Energie und badest darin. Du beginnst, die Kraft der universalen Lebensfreude von Avatar Sora in dir wahrzunehmen. Die Weisheit fließt in jede Zelle deines Bewusstseins. Avatar Soras Keckheit, Ermunterung und vollkommene Liebe zu dir pulsieren in

deiner Seele. Jede Zelle deines Körpers saugt die Energie auf, und du
spürst, wie Keckheit, Ermunterung und vollkommene Liebe in
dir erwachen. Fühle Avatar Soras
Keckheit und Ermunterung, die dir
ab jetzt in allen Bereichen deines Daseins allzeit zur Verfügung stehen.

Avatar Soras Drittes Auge beginnt sanft und
achtsam, seine Energie zu verringern. Vorsichtig trennen sich eure Energien, doch du bist weiterhin mit Avatar Sora verbunden. Ein tiefes Gefühl der Freiheit breitet sich in dir aus. Avatar
Sora verabschiedet sich von dir.

Es wird für dich Zeit, ins Hier und Jetzt zurückzukehren. Lasse dir
Zeit, genieße deine Gefühle, und nimm dein Umfeld aus einem neu-
en Blickwinkel wahr.

Avatar Laphron

Name:	Avatar Laphron – »Loderndes Feuer in Gott«
Vorsteherin von:	Zamarah-Sphäre
Farbe:	Magenta, Bronze
Zwilling:	Avatar Ulphah
Seelenpartner:	Seraphim Xylphaniel
Aufgabe:	Hüter der Drachenflamme, inneres Feuer erwecken, Bodenständigkeit, Entschlossenheit, Täuschungen erkennen, Empfindsamkeit, Entfaltung der eigenen Macht

Energie & Charakter

Spartanisch, ehrlich, rational und asketisch – Avatar Laphron ist ein beherrschtes und rational handelndes Wesen. Er trifft seine Entscheidungen schnell, auch wenn das bedeutet, dass ein Wesen das Nachsehen hat. Er ist

Vorsteher der Zamarah-Sphäre. Er führt die Sphäre mit Umsicht und überaus sachlich. Große Emotionen sind in Zamarah nicht vorhanden. Avatar Laphron ist bescheiden und konzentriert sich auf die Erfüllung seiner Aufträge. Er ist in Hunderten kosmischen Räten anwesend, in denen er aktive Rollen übernimmt. Seinen Auftrag als Vorsteher nimmt er besonders ernst. Er lässt es sich nicht nehmen, sich um jede Seele zu bemühen und steht mit allen in engem Kontakt. Aufträge erteilt er klar und unmissverständlich. Sein inneres Feuer erstrahlt im gesamten Universum. Er handelt immer zum Wohle der gesamten Schöpfung und niemals zum Wohle eines Einzelnen oder einer Gruppe. Seine ganze Aura strahlt vollendete Ritterlichkeit aus. Avatar Laphron offenbart dir das innere Feuer, das in jeder Seele brennt.

Unterstützt bei …
Heuchlerei – verhilft zu mehr Ehrlichkeit
Hochstapelei – fördert das Ehrgefühl
Angeberei – fördert Selbstsicherheit
Besserwisserei – schenkt Bescheidenheit

Themen von Avatar Laphron

Ehrlichkeit mit anderen
Avatar Laphron zu beschreiben, ist bedenkenlos. Das Wort »Ehrlichkeit« passt zu ihm. Seine spartanische Ausdrucksweise macht es nicht leicht, mit ihm zu kommunizieren. Meist endet das in einem Monolog seines Gegenübers. Er ist ein wunderbarer Zuhörer, der niemals die Worte seines Gesprächspartners vergisst.

Botschaft für DICH
Avatar Laphron unterstützt dich dabei, jeder Seele und dir selbst ehrlich zu begegnen.

Ehrlichkeit mit sich selbst

Avatar Laphrons Zwilling ist Ulphah. Beide sind enthaltsame Avatare. Sie beschränken sich auf das Allernötigste und das in jedem Bereich. Avatar Laphron wirkt auf alle Seelen beruhigend, während sein Zwilling sein Gegenüber allein durch seine Anwesenheit in Unruhe versetzt.

Botschaft für DICH

Jetzt ist die Zeit gekommen, alle Schleier der Illusion fallen zu lassen und dir selbst ehrlich gegenüberzutreten.

Achtsamkeit

Avatar Laphron ist fast brutal asketisch und aufrichtig. Verschwendungssucht, Eitelkeit und Arroganz radiert er mit einem Blick aus. Seine Fähigkeit, bei allen Wesen sofort jegliche Art von Überheblichkeit zu erkennen, ist im gesamten Universum bekannt und von manchen gefürchtet.

Botschaft für DICH

Die Zeit ist reif, dass du die Fähigkeit entwickelst, deinem Umfeld seine Verschwendungssucht aufzuzeigen. Ein achtsamer Umgang mit der Erde ist für uns alle überlebensnotwendig.

Authentizität

Avatar Laphrons anspruchslose Seele ist immer darauf bedacht, konzentriert und effizient ihre Aufgaben zu erledigen. Dennoch lebt in ihm eine Energie, die ihn zu einem gern gesehenen Gast auf allen Zusammenkünften macht. Seine spartanische Lebensweise rückt hier in den Hintergrund, und er fängt an, wahre Geschichten zu erzählen. Ausnahmslos jeder liebt seine Geschichten. Bittest du Avatar Laphron um Unterstützung, wird Ehrlichkeit in dein Leben Einzug halten.

Botschaft für DICH
Kleide deine Weisheit in Geschichten.

Gradlinigkeit

Avatar Laphron ist Feuer. Er brennt lichterloh für Gott und setzt alles daran, dass das Universum gänzlich in die zwölfte Dimension aufsteigt. Seine gradlinige Ausrichtung lässt keine Abweichungen vom Kurs zu. Erwählst du Avatar Laphron als Begleiter, wird es keine Umkehr zu deinem alten Leben geben.

Botschaft für DICH
Entzünde das Feuer der Liebe in dir.

Aufrichtigkeit

Ist Laphron dein begleitender Avatar, so wird dein irdischer Weg einige hohe bis unüberwindbare Hürden aufweisen. Ehrlichkeit und Aufrichtigkeit sind Energien, die auf der Erde häufig in den Hintergrund gerückt werden. Ehre wird stärker negativ als positiv ausgelegt. Avatar Laphron lehrt dich den richtigen Umgang mit diesen Energien. Er hilft dir, Hochstapler und Heuchler zu durchschauen und ihre Spiele aufzudecken. Avatar Laphron konfrontiert dich unaufhaltsam mit deinen Luftschlössern.

Botschaft für DICH
Avatar Laphron übermittelt dir: »Richte dich auf, entzünde dein inneres Feuer, und verbrenne alle irdischen Lügengebilde.«

Meditation: Avatar Laphron

Lege dich bequem auf eine dir angenehme Unterlage. Atme ein und aus, bis sich dein ganzer Körper in harmonischem Einklang mit deinem Atem bewegt. In diesem Augenblick nimmst du wahr, wie deine geistigen Sinne erwachen, und du richtest deinen Blick nach innen. Avatar Laphron ist bei dir, an deiner Seite. Er lächelt dich an, breitet seine Arme aus und umarmt dich herzlich. Du blickst direkt in seine klaren Augen und fühlst dich behütet.

Nach einem kurzen Moment löst ihr euch voneinander, während Avatar Laphron weiterhin sanft deine Hände hält. Ein wundervoller magenta- und zugleich bronzefarbener Energiestrahl bahnt sich seinen Weg um euch herum und hüllt dich und Avatar Laphron vollkommen ein. Die Quelle der kraftvollen Energie ist Avatar Laphrons Herzchakra. Du genießt die Heilenergie, die dir Avatar Laphron zur Verfügung stellt. Behutsam neigt er dir seinen Kopf entgegen. Achtsam berührt sein Drittes Auge dein Drittes Auge. Ein feiner Energieimpuls strömt durch dein Drittes Auge in deinen gesamten Körper. Dein Körper nimmt die Energie dankbar auf, und du fühlst dich erfrischt und lebendig. Avatar Laphron erhöht die Energie, wodurch eure Energiezentren augenblicklich miteinander verschmelzen. Die leichten Energieimpulse verstärken sich, während ihr, Avatar Laphron und du, im gleichen Rhythmus schwingt. Die intensiv pulsierende Energie weitet sich aus und überträgt sich auf alles um dich herum. Avatar Laphron hat dein Energieniveau auf die siebte Dimensionsstufe angehoben. Der hochfrequente Energiestrahl aus Avatar Laphrons Drittem Auge übermittelt dir die Weisheit des Feuers. In diesem Moment fließt die Weisheit des kosmischen Feuers in deinen Körper. Du genießt die Energie und badest darin. Du beginnst, die Kraft des universalen Feuers von Avatar Laphron in dir wahrzunehmen. Die Weisheit fließt in jede Zelle deines Bewusstseins. Avatar Laphrons Beherrschtheit, Rationalität und vollkom-

mene Liebe zu dir pulsiert in deiner Seele. Jede Zelle deines Körpers saugt die Energie auf, und du spürst, wie Beherrschtheit, Rationalität und vollkommene Liebe in dir erwachen. Fühle Avatar Laphrons Beherrschtheit und Rationalität, die dir ab jetzt in allen Bereichen deines Daseins allzeit zur Verfügung stehen.

Avatar Laphrons Drittes Auge beginnt sanft und achtsam, seine Energie zu verringern. Vorsichtig trennen sich eure Energien, doch du bist weiterhin mit Avatar Laphron verbunden. Ein tiefes Gefühl der Freiheit breitet sich in dir aus. Avatar Laphron verabschiedet sich von dir.

Es wird für dich Zeit, ins Hier und Jetzt zurückzukehren. Lasse dir Zeit, genieße deine Gefühle, und nimm dein Umfeld aus einem neuen Blickwinkel wahr.

Avatar Tamura

Name:	Avatar Tamura – »Lieblichkeit des Herzens«
Vorsteherin von:	Ansara-Sphäre
Farbe:	Helles Lila/Türkis
Zwilling:	Avatar Bailoc
Seelenpartner:	Avatar Symley
Aufgabe:	Hüterin des kosmischen Friedens, Glaube, Vertrauen, Traumzeit, Hingabe, Zurückgezogenheit, Stille

Energie & Charakter

Zart, defensiv, anmutig, und zärtlich – Avatar Tamura ist das sanfteste Wesen im Universum. Sie ist die Vorsteherin der Ansara-Sphäre, sie begleitet die Sphäre mit ihrer Stille und Ruhe und erzeugt einen Raum der Heiligkeit. Ihre schüchterne und anmutige Ausstrahlung berührt den gesamten Kosmos. Von allen beteiligten Sphären auf der Erde ist Ansara die am höchsten schwingende. Avatar Tamura strahlt tief greifende Harmonie aus, die sich auf alles in der Sphäre überträgt. Sie kommuniziert nicht, sondern ist schlicht präsent. Ihre Anwesenheit reicht aus, um alles in Harmonie und Frieden zu tauchen. In ihrer Anwesenheit fallen jegliche Bedürfnisse ab. Die Seelen in der Sphäre vollbringen ihren Aufstiegsweg vorwiegend innerhalb ihrer Sphäre. Eine friedvolle Energie ist in jeder Dimension spürbar und wird von Avatar Tamura erzeugt und gehalten. In Ansara ist es nicht mehr notwendig, dass Avatar Tamura Aufträge erteilt. Avatar Tamura offenbart dir die Stille in deinem Bewusstsein.

Unterstützt bei …
Verbitterung – schenkt Lichtblicke
Missbrauch – unterstützt die Vergebung
Antipathie – stärkt Einsicht
Zorn – schenkt Erlösung

Themen von Avatar Tamura

Innere Harmonie
Avatar Tamura zu beschreiben, ist eine Freude. Das Wort »Zartheit« trifft es genau. Ihre gesamte Energie ist Frieden, Stille und Harmonie. Sie repräsentiert die reine göttliche Liebe in ihrer Schlichtheit und beteiligt sich nicht an kriegerischen Handlungen.

Botschaft für DICH
Avatar Tamura unterstützt dich dabei, die Harmonie in dir zu finden.

Innerer Frieden
Avatar Tamuras Zwilling ist Bailoc. Er beteiligt sich wie Tamura ebenfalls nicht an kriegerischen Handlungen, jedoch strahlt seine massive Energie aus der zwölften Dimension in die niedrigeren Regionen, um sie zu schützen. Sowohl Avatar Tamura als auch Avatar Bailoc sind unaufdringliche Seelen.

Botschaft für DICH
Jetzt ist die Zeit gekommen, um mit dir selbst Frieden zu schließen.

Stille

Avatar Tamura handelt, indem sie ihre Präsenz offenbart. In ihr vereinigen sich jegliche göttliche Attribute der Sanftheit. Ihre Harmonie berührt alle Seelen und lässt sie in ihrer Oberflächlichkeit verstummen.

Botschaft für DICH
Schweigen ist in diesem Moment Gold für dich.

Präsenz

Avatar Tamura zeigt all ihre Eigenschaften auf einmal. Sie beteiligt sich nie an Aufträgen und hat keinen Sitz im kosmischen Rat. Sie handelt ausschließlich durch ihre Präsenz. Bittest du Avatar Tamura um Unterstützung, wird sie dich ihre Anwesenheit spüren lassen.

Botschaft für DICH
Du darfst dir selbst genügen. Fühle dich in dir selbst.

Lehre von Sanftheit & Harmonie

Avatar Tamura ist Harmonie. Ihr Erleuchtungsweg ist immer der Weg des absoluten Friedens. Erwählst du Avatar Tamura als Begleiterin, wird dein Leben auf der Erde davon geprägt sein, nicht zu sprechen, sondern durch deine Taten zu lehren.

Botschaft für DICH

Du bist ein Instrument der Harmonie. Lehre, dass Sanftheit und Harmonie der Weg zur Seele sind.

Weg des Friedens

Ist Tamura dein begleitender Avatar, wird die Herausforderung deines irdischen Lebensweges darin bestehen, immer und in jeder Situation den Weg des Friedens und der Zartheit zu beschreiten. Nichts Grobes oder Kriegerisches ist für dich bestimmt. Du wirst die Natur einem Haus vorziehen, lieber laufen, als in einem Zug oder Auto zu fahren, und wenig materiellen Besitz anhäufen. Einzig das pure Leben zählt.

Botschaft für DICH

Du bist ein göttlicher Lichtträger. Erhebe dich, und leuchte.

Meditation: Avatar Tamura

Lege dich bequem auf eine dir angenehme Unterlage. Atme ein und aus, bis sich dein ganzer Körper in harmonischem Einklang mit deinem Atem bewegt. In diesem Augenblick nimmst du wahr, wie deine geistigen Sinne erwachen, und du richtest deinen Blick nach innen. Avatar Tamura ist bei dir, an deiner Seite. Sie lächelt dich an, breitet ihre Arme aus und umarmt dich herzlich. Du blickst direkt in ihre klaren Augen und fühlst dich behütet.

Nach einem kurzen Moment löst ihr euch voneinander, während Avatar Tamura weiterhin sanft deine Hände hält. Ein wundervoller lila- und türkisfarbener Energiestrahl bahnt sich seinen Weg um euch herum und hüllt dich und Avatar Tamura vollkommen ein. Die Quelle der kraftvollen Energie ist Avatar Tamuras Herzchakra. Du genießt die Heilenergie, die dir Avatar Tamura zur Verfügung stellt. Behutsam neigt sie dir ihren Kopf entgegen. Achtsam berührt ihr Drittes Auge dein Drittes Auge. Ein feiner Energieimpuls strömt durch dein Drittes Auge in deinen gesamten Körper. Dein Körper nimmt die Energie dankbar auf, und du fühlst dich erfrischt und lebendig. Avatar Tamura erhöht die Energie, wodurch eure Energiezentren augenblicklich miteinander verschmelzen. Die leichten Energieimpulse verstärken sich, während ihr, Avatar Tamura und du, im gleichen Rhythmus schwingt. Die intensiv pulsierende Energie weitet sich aus und überträgt sich auf alles um dich herum. Avatar Tamura hat dein Energieniveau auf die siebte Dimensionsstufe angehoben. Der hochfrequente Energiestrahl aus Avatar Tamuras Drittem Auge übermittelt dir die Weisheit der Zartheit. In diesem Moment fließt die Weisheit der kosmischen Zartheit in deinen Körper. Du genießt die Energie und badest darin. Du beginnst, die Kraft der universalen Zartheit von Avatar Tamura in dir wahrzunehmen. Die Weisheit fließt in jede Zelle deines Bewusstseins. Avatar Tamuras Anmut, Zärtlichkeit und vollkommene Liebe pulsieren in deiner Seele. Jede Zelle deines Körpers saugt die Energie auf, und du spürst, wie Anmut, Zärtlichkeit und vollkommene Liebe in dir erwachen. Fühle Avatar Tamuras Anmut und Zärtlichkeit, die dir ab jetzt in allen Bereichen deines Daseins allzeit zur Verfügung stehen.

Avatar Tamuras Drittes Auge beginnt sanft und achtsam, seine Energie zu verringern. Vorsichtig trennen sich eure Energien, doch du bist weiterhin mit Avatar Tamura verbunden. Ein tiefes Gefühl der Freiheit breitet sich in dir aus. Avatar Tamura verabschiedet sich von dir.

Es wird für dich Zeit, ins Hier und Jetzt zurückzukehren. Lasse dir Zeit, genieße deine Gefühle, und nimm dein Umfeld aus einem neuen Blickwinkel wahr.

Seraphim Ampheniel

Name:	Ampheniel – »Das Auge Gottes«
Vorsteher von:	Engel-Sphäre
	(Ampheniel ist selbst ein Engel)
Farbe:	Helles Bronze, helles Blau
Zwilling:	nicht bekannt
Seelenpartner:	nicht bekannt
Aufgabe:	Leiten der Engel-Sphäre

Energie & Charakter

Hilfsbereit, charismatisch, selbstbewusst, feierlich, heilig, würdevoll, beruhigend, barmherzig – Seraphim Ampheniel ist ein magischer Engel. Er ist der Hüter des göttlichen Liebesfunkens. Als Engel-Sphären-Vorsteher verlässt er die Engel-Sphäre nicht. Er ruht vollkommen in sich. Alle Energie richtet er ausschließlich auf die Erfüllung seiner Bestimmung.

Entfaltung der Göttlichkeit in sich

Themen von Seraphim Ampheniel

Bestimmung

Seraphim Ampheniel ist der Engel-Sphären-Vorsteher. Er hat die Engel-Sphäre niemals verlassen und wird es auch nicht. Seine Bestimmung ist es, die Engel-Sphäre zu leiten und die Engel in ihrem Bewusstseinsprozess zu unterstützen. Er führt die Engel-Sphäre und hält über alle Aktivitäten innerhalb der Sphäre seine Hand.

Botschaft für DICH
Befreie dich von allem Ballast, und folge deiner Bestimmung.

Gottesbewusstsein

Da Seraphim Ampheniel nicht außerhalb der Engel-Sphäre existiert, ist er absolut und vollkommen auf Gott gerichtet.

Botschaft für DICH
Erkenne Gott in dir.

Hinweis: Leider verweilt Seraphim Ampheniel in der Engel-Sphäre und steht hierdurch für eine Meditation nicht zur Verfügung. Dennoch ist es dir möglich, mit seinem Namen und seiner Energie zu meditieren. Sprich hierzu seinen Namen aus, und gib dich dem, was folgt, hin.
Viel Freude!

DIE SERAPHIM – BEGLEITER DER SEELENSPHÄREN

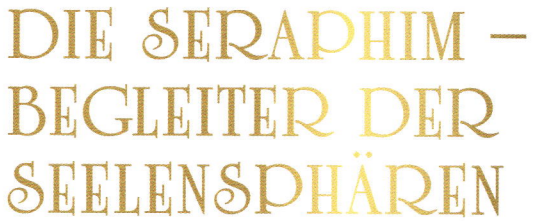

Seraphim Michael

Name:	Michael – »Wer ist wie Gott« (Er ist seit 1879 der führende Seraphim auf Erden)
Farbe:	Blau/Gold
Zwilling:	Seraphim Chamuel
Seelenpartner:	Avatar Portia
Aufgabe:	führender Engel in unserem Universum, Hüter der kosmischen Gesetze, Kriegerengel, Schutz

Energie & Charakter

Klarheit, Stärke, Autorität, Strenge – Seraphim Michaels Energie ist sehr charmant, liebevoll, behütend sowie beschützend und einhüllend. Michael ist der mächtigste Engel und die mächtigste Seele von allen Wesen im Universum. Er offenbart Macht in allen Bereichen deines Daseins. Er besitzt die höchste Autorität im Kosmos. Nichts geschieht ohne sein Einverständnis. Er ist der offizielle Gegenspieler von Luzifer. Er ist direkt und hält meistens an seiner Sichtweise fest. Geduld gehört nicht unbedingt zu seinen Tugenden. Mit Seraphim Michael erhältst du einen wahren und ehrlichen Beschützer. Er wird dich ermuntern, deinen Weg voller Mut weiter zu verfolgen. Du kannst ihm uneingeschränkt vertrauen.

Unterstützt bei …
Schwäche – stellt Kraft zur Verfügung
Mutlosigkeit – verleiht Mut
Hilflosigkeit – schenkt liebevolle Autorität
Handlungsunfähigkeit – schenkt Kraft und Klarsicht für die Handlung

Themen von Seraphim Michael

Macht
Seraphim Michael zu beschreiben, ist einfach, er ist »Macht«. Seine Schönheit zeigt sich in seiner göttlich umhüllenden, beschützenden Art. Seraphim Michael ist der göttliche Aspekt des Vaters und Hüter unseres Universums.

Botschaft für DICH
Seraphim Michael steht mit seiner vollkommenen Macht an deiner Seite.

Stärke
Wer den Mut aufbringt, sich Seraphim Michael mit aller Hingabe zu öffnen, wird mit einer göttlichen Macht konfrontiert, die mit nichts auf der Erde vergleichbar ist. Kein anderes Wesen strahlt so viel Autorität aus, ohne autoritär zu sein, wie Seraphim Michael.

Botschaft für DICH
Entfalte deine göttliche Charakterstärke. Richte dich auf, und lebe deine Göttlichkeit mit Kraft und Selbstbewusstsein.

Friedvoller Kampf

Seraphim Michael lebt seine Kraft mit Ruhe, selten bringt ihn etwas aus seiner Gelassenheit. In Seraphim Michaels Ausstrahlung zeigt sich die Kraft der Kriegerenergie eindrücklich. Er ist jedoch nicht kriegerisch veranlagt. Er kämpft, sofern er muss, ansonsten ist er ein äußerst friedfertiges Wesen. Seraphim Michael ist geduldig, jedoch nicht ewig. Willst du mit ihm arbeiten, dann überspanne den Bogen nicht. Er gibt deutliche und klare Instruktionen. Vertraue und folge ihm.

Botschaft für DICH

Gib nicht auf. Seraphim Michael unterstützt dich mit seiner Gelassenheit und Zuversicht in deinem friedvollem »Kampf«.

Irdischer Auftrag

Seraphim Michael ist die treibende Kraft im Universum. In ihm vereinigen sich alle Dimensionen und Ebenen. Er allein trägt die gesamte Verantwortung. Alle Wesen, die auf die Erde inkarnieren, erhalten von Seraphim Michael EINE Lernaufgabe oder einen Auftrag. Diesen Auftrag gilt es, auf der Erde zu erfüllen, oder zumindest, es zu versuchen.

Botschaft für DICH

Nimm deine Lebensaufgabe und/oder deinen Auftrag an, und identifiziere dich mit ihr/ihm.

Harmonie zweier Seiten

Seraphim Michaels Zwilling ist Seraphim Chamuel. Sie ist das absolute Gegenteil zu seiner autoritären, kriegerischen Energie. Perfekt ergänzen sich die beiden Schwingungsformen und erfüllen ihre Aufgabe mit hingebungsvoller Eintracht. Die Kindlichkeit von Seraphim Chamuel lässt Seraphim Michael weich werden, und seine Strenge verliert an Härte.

Botschaft für DICH

Seraphim Michael unterstützt dich dabei, eine andere Seite zu entfalten und zu leben.

Bedingungsloser Schutz

Seraphim Michael ist spektakulär. Er ist freundlich und ausnehmend charmant. Eine gewisse Zurückhaltung macht ihn interessant. Sein durchdringender Blick lässt alle Herzen dahinschmelzen, und seine autoritäre Ausstrahlung lässt ihn unnahbar wirken. Dieser Eindruck löst sich bei engerem Kontakt in Luft auf. Seine Vertrauen erweckende Besonnenheit bewegt auffallend viele Wesen dazu, ihm ihr Herz auszuschütten. Er ist unbestritten der grandioseste Beschützer im Universum.

Botschaft für DICH

Du kannst Seraphim Michael all deine Sorgen und Gedanken anvertrauen. Er bewertet dich nicht.

Heilung von Zähnen

Seraphim Michael ist der kosmische Zahnarzt.

Botschaft für DICH

Hast du Probleme mit deinen Zähnen, bitte Seraphim Michael um Hilfe. Er nimmt dir einen großen Teil deiner Angst und unterstützt die Behandlung durch den irdischen Zahnarzt.

Meditation: Seraphim Michael

Lege dich bequem auf eine dir angenehme Unterlage. Atme ein und aus, bis sich dein ganzer Körper in harmonischem Einklang mit deinem Atem bewegt. In diesem Augenblick nimmst du wahr, wie deine geistigen Sinne erwachen, und du richtest deinen Blick nach innen. Seraphim Michael ist bei dir, an deiner Seite. Er lächelt dich an, breitet seine Flügel aus und hüllt dich mit seinen wunderschönen Schwingen vollkommen ein. Seine kraftvolle Präsenz überträgt sich auf dich. Seraphim Michael gibt dich frei, und du blickst direkt in seine klaren Augen. Ihr steht euch in geringem Abstand gegenüber. Seraphim Michael hebt seine Hand und berührt deine Handfläche mit seiner. Er schließt die Augen, und du tust es ihm gleich.

Seraphim Michael lenkt deinen inneren Blick auf dein Herz-chakra. Du nimmst wahr, wie dein Herz im Einklang mit seinem kraftvollen Herzrhythmus schlägt. Aus deinem Herzzentrum fließt ein Energiestrahl, der vor deinem Brustkorb ein filigranes hochfrequentes Energie-Herz bildet. Anmutig schwebt es vor dir in der Luft. Seraphim Michael kraftvolles Energie-Herz schwebt gleichfalls vor ihm. Zwei bezaubernde Energie-Herzen, die im Einklang pulsieren. Eure Herzen schweben aufeinander zu, berühren sich sanft und beginnen langsam, sich zu vereinen. Sie verweben sich immer mehr, bis zur vollkommenen Verschmelzung. Ihr seid EIN Herz. Du beginnst, die Kraft von Seraphim Michael in dir wahrzunehmen. Seine gigantische Präsenz fließt in jede Zelle deines Bewusstseins. Sein Mut, seine Klarheit, sein Urteilsvermögen, seine Macht und seine vollkommene Liebe zu dir pulsieren in deiner Seele. Jede Zelle deines Körpers saugt die Energie auf, und du spürst, wie Mut, Klarheit, Urteilsvermögen, Macht und vollkommene Liebe in dir erwachen. Das vereinte Herz beginnt, sacht nach oben zu gleiten, und schwebt als gigantisches blau schimmerndes Herz über euch. Das Energie-Herz dehnt sich weiter aus, so weit, dass es sich über euch herabsenken kann. Du stehst im Mittelpunkt von Seraphim Michaels Herzzentrum. Fühle seine Macht und Kraft, die dir ab jetzt in allen Bereichen deines Daseins allzeit zur Verfügung stehen.

Das Herz beginnt sanft und achtsam, seine Energie zu verringern, bis es seine Ursprungsgröße erreicht hat und zwischen euch ruht. Vorsichtig trennen sich eure Energien und gleiten geschmeidig in eure Herzchakras zurück. Du bist weiterhin mit Seraphim Michael verbunden. Ein tiefes Gefühl der Freiheit breitet sich von deinem Herzchakra aus in deinem gesamten Körper aus.

Seraphim Michael verabschiedet sich von dir. Lasse dir Zeit, genieße deine Gefühle, und nimm dein Umfeld aus einem neuen Blickwinkel wahr.

Seraphim Jophiel

Name:	Jophiel – »Göttliche Weisheit«
Farbe:	Gelb/Gold
Zwilling:	Seraphim Gabriel
Seelenpartner:	Avatar Kwan Yin
Aufgabe:	universelle Weisheitslehre

Energie & Charakter

Weisheit, Sanftmut, Heiterkeit, Standhaftigkeit – Seraphim Jophiels Energie ist sanft, fast weiblich und dennoch von einer männlichen Aura geprägt. Er ist sehr geduldig. Seraphim Jophiel konfrontiert dich auf sanfte Weise und lehrt dich bewusstseinsfördernde Techniken. Sein einfühlsames Wesen ermutigt zur Selbstreflexion. Strauchelst du, reicht dir Seraphim Jophiel lachend seine Hand. Er ist ein göttlicher Tröster. Seelen schätzen sein beeindruckendes Feingefühl für jegliche Situation. Seraphim Jophiel nimmt sich für alles und alle gebührend Zeit. Seine sanfte Energie berührt und erzeugt augenblicklich Ruhe und heitere Gelassenheit. Du fühlst dich sofort getröstet.

Unterstützt bei …

Härte – verleiht Milde
Unkonzentriertheit – fördert Konzentration
Selbstzweifel – weckt den Forschergeist
Rechthaberei – verhilft zu Einsicht

Themen von Seraphim Jophiel

Weisheit leben

Seraphim Jophiel trägt von Seiten der Engel die göttliche Weisheit in sich. Ihn mit einem Wort zu beschreiben, ist leicht, er ist »Sanftmut«. Seine allumfassende Weisheit berührt. Seraphim Jophiels heitere Energie ist wie ein Sonnenstrahl. Er nimmt Gegebenheiten gelassen an und lässt jedem Freiraum für eigene Wege oder Visionen. Sein weiches und offenes Gemüt erzeugt in jedem Wesen eine sofortige Friedensenergie. Erscheint Seraphim Jophiel, zaubert er allen Anwesenden ein Lächeln ins Gesicht.

Botschaft für DICH
Entfache deine ureigene Intelligenz und Kompetenz. Richte deinen Blick auf das Gute.

Grenzen wahren

Jophiels Zwilling ist Seraphim Gabriel. Seraphim Jophiel ist der Handelnde und Seraphim Gabriel die Beschützende. Jophiel hat klare und präzise Richtlinien. Überschreitet ein Wesen diese Linie, zeigt er ihm unmissverständlich die Grenze auf.

Botschaft für DICH
Erforsche aktiv, welche verborgenen Talente in dir ruhen. Schütze deine Grenzen, indem du deinem Gegenüber aufzeigst, wo er deine Persönlichkeitsrechte überschreitet.

Universelle Weisheit

Im Universum ist Seraphim Jophiel nach Seraphim Michael der präsenteste Seraphim. Er ist der Engel der universellen Weisheit und ein kosmischer Lehrer.

Botschaft für DICH

Probiere und erforsche alles. Öffne dich für die universelle Weisheit von Seraphim Jophiel.

Gelassenheit

Seraphim Jophiel besitzt ein heiteres Gemüt, unendliche Geduld und ein unbeschreibliches Durchhaltevermögen. Bittest du Seraphim Jophiel, wenn es auch nur ein einziges Mal ist, bei dir zu sein und dich zu lehren, dann hat das für den Rest deiner Existenz im Universum Bestand.

Botschaft für DICH

Harre aus, und konzentriere dich auf deine Entfaltung. Seraphim Jophiel lehrt dich auf vielen Wegen. Achte auf Eingebungen am Morgen. Begib dich mit ihm auf eine Astralreise oder Meditation.

Ziele

Seraphim Jophiel ist sanft. Seine Erleuchtungswege wählt er achtsam für dich aus. Erwählst du Seraphim Jophiel als Begleiter, wird dein Bewusstseinsprozess in ruhigem Tempo verlaufen.

Botschaft für DICH

Mit Seraphim Jophiel erreichst du dein Ziel. Daran besteht absolut kein Zweifel.

Heilung

Seraphim Jophiel ist kosmischer Neurologe. Arbeitet er an deinem irdischen Körper, so geschieht dies im Bereich deines Kopfes und deiner Nervenzellen. Leidest du an Kopfschmerzen oder Demenz, bitte Seraphim Jophiel, dir beizustehen. Das Gleiche gilt für jegliche Nervenschädigungen.

Botschaft für DICH

Seraphim Jophiel praktiziert seine Heilkunst, sofern du ihn darum bittest. Anders als Seraphim Raphael schreitet er nicht von sich aus ein.

Meditation: Seraphim Jophiel

Lege dich bequem auf eine dir angenehme Unterlage. Atme ein und aus, bis sich dein ganzer Körper in harmonischem Einklang mit deinem Atem bewegt. In diesem Augenblick nimmst du wahr, wie deine geistigen Sinne erwachen, und du richtest deinen Blick nach innen. Seraphim Jophiel ist bei dir, an deiner Seite. Er lächelt dich an, breitet seine Flügel aus und hüllt dich mit seinen wunderschönen Schwingen vollkommen ein. Seine heitere Präsenz überträgt sich auf dich. Seraphim Jophiel gibt dich frei, und du blickst direkt in seine klaren Augen. Ihr steht euch in geringem Abstand gegenüber. Seraphim Jophiel hebt seine Hand und berührt deine Handfläche mit seiner. Er schließt die Augen, und du tust es ihm gleich. Seraphim Jophiel lenkt deinen inneren Blick auf dein Herzchakra. Du nimmst wahr, wie dein Herz im Einklang mit seinem kraftvollen Herzrhythmus schlägt. Aus deinem Herzzentrum fließt ein Energiestrahl, der vor deinem Brustkorb ein filigranes hochfrequentes Energie-Herz bildet. Anmutig schwebt es vor dir in der Luft. Seraphim Jophiels heiteres Energie-Herz schwebt gleichfalls vor ihm. Zwei bezaubernde Energie-Herzen, die im Einklang pulsieren. Eure Herzen schweben aufeinander zu, berühren sich sanft und beginnen langsam, sich zu vereinen. Sie verweben sich immer mehr, bis zur vollkommenen Verschmelzung. Ihr seid EIN Herz. Du beginnst, die Kraft von Seraphim Jophiel in dir wahrzunehmen. Seine heitere Präsenz fließt in jede Zelle deines Bewusstseins. Seine Weisheit, seine Heiterkeit, seine Bedingungslosigkeit, seine Standhaftigkeit, seine vollkommene Liebe zu dir pulsieren in deiner Seele. Jede Zelle deines Körpers saugt die Energie auf, und du spürst, wie Weisheit, Heiterkeit, Bedingungslosigkeit, Standhaftigkeit und vollkommene Liebe in dir erwachen. Das vereinte Herz beginnt, sacht nach oben zu gleiten, und schwebt als gigantisches gelb/golden schimmerndes Herz über euch. Das Energie-Herz dehnt sich weiter aus, soweit, dass es sich über euch herabsenken kann. Du stehst im Mittelpunkt von Seraphim Jophiels Herzzentrum. Fühle seine Macht und Kraft, die dir ab jetzt in allen Bereichen deines Daseins allzeit zur Verfügung stehen.

Das Herz beginnt sanft und achtsam, seine Energie zu verringern, bis es seine Ursprungsgröße erreicht hat und zwischen euch ruht. Vorsichtig trennen sich eure Energien und gleiten geschmeidig in eure Herzchakras zurück. Du bist weiterhin mit Seraphim Jophiel verbunden. Ein tiefes Gefühl der Freiheit breitet sich von deinem Herzchakra aus in deinem gesamten Körper aus. Seraphim Jophiel verabschiedet sich von dir. Lasse dir Zeit, genieße deine Gefühle, und nimm dein Umfeld aus einem neuen Blickwinkel wahr.

Seraphim Chamuel

Name: Chamuel – »Gott ist das Ziel«
Farbe: Rosa/Silber
Zwilling: Seraphim Michael
Seelenpartner: Seraphim Uriel
Aufgabe: Liebe, Leichtigkeit, Hingabe und
Bewahrung der Kindlichkeit

Energie & Charakter

Sanft, leicht, kindlich und erheiternd, ab und an etwas wild – Seraphim Chamuels kindliche Energie präsentiert sich schwung- und kraftvoll. Sie strahlt eine weibliche Schwingung aus. Gleichwohl kann sie sich auch männlich präsentieren. Seraphim Chamuel begleitet dich in dein Herzzentrum. Die kindliche Liebe und die Hingabe an dich und dein Leben werden dir durch Chamuel eröffnet. Sei bereit, wieder Spaß und Freude am Leben zu erfahren und deine Kindlichkeit neu zu entdecken.

Unterstützt bei …

Engstirnigkeit – schenkt Offenheit
Schwere – unterstützt mit Leichtigkeit
Introvertiertheit – fördert Hingabe
Ernsthaftigkeit – fördert Verspieltheit
Kälte – unterstützt die Herzöffnung

Themen von Seraphim Chamuel

Kindliche Leichtigkeit

Seraphim Chamuel ist der wildeste und temperamentvollste Seraphim. Sie trägt den göttlichen Aspekt der hingebungsvollen Liebe in sich. Seraphim Chamuel mit einem Wort zu beschreiben, ist simpel, sie ist »kindliche Leichtigkeit«. Sie lebt unbeschwert eine weiche, sanfte, kindliche und wilde Leichtigkeit. Seraphim Chamuel offenbart die allumfassende Liebe und lebt die weibliche und die männliche Schwingung gleichermaßen.

Botschaft für DICH
Betrachte dein Leben mit Kinderaugen. Entfalte die wilde und unberechenbare Seite deiner Seele.

Gegensätze

Chamuels Zwilling ist Seraphim Michael. Die Energie der beiden erzeugt einen wundervollen Ausgleich zwischen Kindlichkeit und Autorität. Die Diskrepanz zwischen Strenge und Leichtigkeit wird hinweggefegt. Harmonie entsteht.

Botschaft für DICH
Seraphim Chamuel unterstützt dich dabei, sowohl deine Kindlichkeit als auch deine Autorität zu entfalten.

Annahme der kindlichen Liebe & Leichtigkeit

Seraphim Chamuels Energie der kindlichen Liebe und Leichtigkeit berührt im Herzen und im Verstand.

Botschaft für DICH

Durch achtsames Annehmen der Energie der kindlichen Liebe und Leichtigkeit wirst du dein Leben erfolgreich meistern.

Liebe

Seraphim Chamuel besitzt die Fähigkeit, blitzschnell ein Energienetz der göttlichen Liebe aufzubauen. Ihre Aufgabe ist es, die Wesen zu lehren, die Liebe zu leben und nicht die Liebe zu zelebrieren.

Botschaft für DICH

Steigere deine Fähigkeit, Entscheidungen zu treffen und mutig zu handeln. Liebe ist kein Gegenstand oder ein Gefühl … DU bist Liebe.

Erinnerung an den Ursprung

Seraphim Chamuels Aufgabe besteht darin, Seelen daran zu erinnern, WER und WAS sie wirklich sind … Liebe. Sie versucht, verhärtete Strukturen aufzubrechen und deinen wahren Kern zu offenbaren.

Botschaft für DICH

Begegne deiner Liebe, deiner Seele neu.

Herzverbindung

Eine weitere Aufgabe von Seraphim Chamuel ist es, sich mit allen Wesen im Universum zu verbinden und die Herzqualität der Seelen zu entflammen.

Botschaft für DICH

Verbinde dich im Herzen mit Seraphim Chamuel und allen Wesen unseres Universums.

Heilung eines Kindes

Seraphim Chamuel hat keine besondere Aufgabe für den menschlichen Körper. Jedoch begleitet sie Kinder auf ihrem Weg der Genesung. Sie hilft Kindern, ihre Angst zu überwinden, und hält bei jeglichen medizinischen Handlungen schützend die Hand über sie.

Botschaft für DICH

Bitte Seraphim Chamuel, ein Kind bei seiner Erkrankung zu begleiten und zu schützen.

Meditation: Seraphim Chamuel

Lege dich bequem auf eine dir angenehme Unterlage. Atme ein und aus, bis sich dein ganzer Körper in harmonischem Einklang mit deinem Atem bewegt. In diesem Augenblick nimmst du wahr, wie deine geistigen Sinne erwachen, und du richtest deinen Blick nach innen. Seraphim Chamuel ist bei dir, an deiner Seite. Sie lächelt dich an, breitet ihre Flügel aus und hüllt dich mit ihren wunderschönen Schwingen vollkommen ein. Ihre kraftvolle Präsenz überträgt sich auf dich. Seraphim Chamuel gibt dich frei, und du blickst direkt in ihre klaren Augen. Ihr steht euch in geringem Abstand gegenüber. Seraphim Chamuel hebt ihre Hand und berührt deine Handfläche mit ihrer. Sie schließt die Augen, und du tust es ihr gleich. Seraphim Chamuel lenkt deinen inneren Blick auf dein Herzchakra. Du nimmst wahr, wie dein Herz im Einklang mit ihrem kraftvollen Herzrhythmus schlägt. Aus deinem Herzzentrum fließt ein Energiestrahl, der vor deinem Brustkorb ein filigranes hochfrequentes Energie-Herz bildet. Anmutig schwebt es vor dir in der Luft. Seraphim Chamuel kraftvolles Energie-Herz schwebt gleichfalls vor ihr. Zwei bezaubernde Energie-Herzen, die im Einklang pulsieren. Eure Herzen schweben aufeinander zu, berühren sich sanft und beginnen langsam, sich zu vereinen. Sie verweben sich immer mehr, bis zur vollkommenen Verschmelzung. Ihr seid EIN Herz. Du beginnst, die Kraft von Seraphim Chamuel in dir wahrzunehmen. Ihre gigantische Präsenz fließt in jede Zelle deines Bewusstseins. Ihre Kindlichkeit, ihre Hingabe, ihre Leichtigkeit, ihre Offenheit, ihre vollkommene Liebe zu dir pulsieren in deiner Seele. Jede Zelle deines Körpers saugt die Energie ein, und du spürst, wie Kindlichkeit, Hingabe, Leichtigkeit, Offenheit und vollkommene Liebe in dir erwachen. Das vereinte Herz beginnt, sacht nach oben zu gleiten, und schwebt als gigantisches rosa schimmerndes Herz über euch. Das Energie-Herz dehnt sich weiter aus, so weit, dass es sich über euch herabsenken kann.

Du stehst im Mittelpunkt von Seraphim Chamuels Herzzentrum.
Fühle ihre Macht und Kraft, die
dir ab jetzt in allen Bereichen deines Daseins allzeit zur Verfügung
stehen.

Das Herz beginnt sanft und achtsam,
seine Energie zu verringern, bis es seine
Ursprungsgröße erreicht hat und zwischen
euch ruht. Vorsichtig trennen sich eure Energien und
gleiten geschmeidig in eure Herzchakras zurück. Du bist weiterhin
mit Seraphim Chamuel verbunden. Ein tiefes Gefühl der Freiheit
breitet sich von deinem Herzchakra aus in deinem gesamten Körper
aus.

Seraphim Chamuel verabschiedet sich von dir. Lasse dir Zeit, genieße deine Gefühle, und nimm dein Umfeld aus einem neuen Blickwinkel wahr.

Seraphim Gabriel

Name:	Gabriel – »Gott ist meine Hoffnung und meine Stärke«
Farbe:	Regenbogen
Zwilling:	Seraphim Jophiel
Seelenpartner:	Seraphim Zadkiel
Aufgabe:	Erneuerung, Unterstützung der weiblichen Schöpferkraft, Hoffnung, Geburt, Visionen

Energie & Charakter

Klar, geborgen, beschützend – Seraphim Gabriel ist eine strenge mütterliche Erscheinung. Sie gibt Visionen und hilft bei allen Geburten, seien es Inkarnationsgeburten oder die Geburt neuer Ideen. Seraphim Gabriel umfängt dich mit unendlicher Mütterlichkeit. Sie unterstützt dich bei allem, was mit Weiblichkeit und Neuanfang zu tun hat. Sei mutig, und präsentiere dich mit all deiner göttlichen Schönheit.

Unterstützt bei ...

Kinderwunsch – hilft, Seelenkontakt herzustellen
Hoffnungslosigkeit – schenkt Hoffnung
Einsamkeit – schenkt mütterliche Geborgenheit
Planlosigkeit – unterstützt die Verwirklichung von Visionen
Ablehnung der Weiblichkeit – hilft, die Weiblichkeit zu leben

Themen von Seraphim Gabriel

Weiblichkeit

Seraphim Gabriel ist der mütterliche Engel schlechthin. Die Urkraft der weiblichen Schwingung präsentiert sich durch diesen Seraphim am eindrücklichsten. Kein anderer Engel lebt die Weiblichkeit mit solcher Urschönheit wie Seraphim Gabriel. Sie ist eindeutig eine weibliche Schwingungsform, und nur sehr selten zeigt sie sich mit männlichen Zügen.

Botschaft für DICH
Seraphim Gabriel unterstützt dich dabei, deine Weiblichkeit in Freude und Anmut zu leben. Bist du männlich, dann schenkt dir Gabriel Mut, deine Intuition, deine Sanftheit und Mütterlichkeit zu leben.

Facetten der Weiblichkeit leben

Seraphim Gabriel mit einem Wort zu beschrieben, ist heikel. Sie zeigt viele Facetten. Ihrer außerordentlichen weiblichen Präsenz wegen ist das Wort »Weiblichkeit« am treffendsten. Sie lebt die göttliche Schwingungs-Form in allen Aspekten, von Kindfrau bis Vamp.

Botschaft für DICH
Seraphim Gabriel unterstützt dich dabei, alle Facetten der Weiblichkeit zu erfahren. Nur Mut.

Hoffnung

Gabriels Zwilling Seraphim Jophiel ist weich, während Seraphim Gabriel mit sanfter, mütterlicher Strenge waltet. Gabriel schenkt Hoffnung, wenn Seraphim Jophiel Abschied nimmt. Sie zeigt Visionen und hilft, sie umzusetzen, wenn Seraphim Jophiel lehrt. Sie ergänzen sich und leben die Schönheit der göttlichen Weichheit mit klarer Führung.

Botschaft für DICH
Verliere nie die Hoffnung, und glaube an all deine Visionen. Mit der Unterstützung von Seraphim Gabriel wirst du klar in deinen Bedürfnissen.

Familie

Repräsentiert Seraphim Michael die väterliche Seite, so ist es auf der mütterlichen Seite Seraphim Gabriel. Sie ist eine leise und feine Seele, die dennoch Strenge und Konsequenz lebt. Ihre Aufgabe ist es, alle Wesen zurück zur Gemeinschaft der »Familie« zu lenken.

Botschaft für DICH
Setze deine Vorhaben konsequent um. Lebe Harmonie in deiner Familie.

Inkarnation

Seraphim Gabriel hilft bei der Vorbereitung jeder Inkarnation. Gemeinsam wählt ihr alle Begleiter und deine Lernaufgabe/Visionen aus. Sie unterstützt dich, die passenden »Eltern« und die optimale Umgebung zu finden. Wie eine Mutter auf Erden ihre Kinder sanft ins selbstständige Leben führt, navigiert sie im Kosmos die Seelen zur Bewusstwerdung.

Botschaft an DICH
Seraphim Gabriel unterstützt dich im Allgemeinen bei deiner Inkarnation.

Tod eines Kindes

Seraphim Gabriels besondere Aufgabe ist es, Kinder, die sich nach kurzer Zeit entschließen, die Erde zu verlassen, nach Hause zu begleiten.

Botschaft für DICH

Wenn ein Kind in deinem Umfeld im Begriff ist, zu gehen, lasse dich von Seraphim Gabriel begleiten und trösten.

Begleitung von Tierseelen

Seraphim Gabriel kümmert sich im besonderen Maße um alle Tierseelen. Sie begleitet und unterstützt Tiere bei allen Abenteuern. Tierseelen lieben Seraphim Gabriel und fühlen sich in ihrer Gegenwart augenblicklich wohl.

Botschaft für DICH

Benötigt ein Tier Unterstützung, bitte Seraphim Gabriel, sich der Tierseele anzunehmen.

Heilung

Seraphim Gabriel ist neben Seraphim Raphael und Seraphim Uriel die Engel-Ärztin. Ihre Aufgaben umfassen Schwangerschaft, Geburt, Sexualität und Hormone. Zudem unterstützt sie alternative Heilmethoden. Seraphim Gabriel ist eine sensible und sanft arbeitende Ärztin, die dennoch Selbstinitiative von dir fordert.

Botschaft für DICH

Benötigst du Hilfe und Unterstützung in diesen Bereichen, bitte Seraphim Gabriel an deine Seite, damit sie die Energie auf die Stelle lenkt, die Heilung benötigt.

Meditation: Seraphim Gabriel

Lege dich bequem auf eine dir angenehme Unterlage. Atme ein und aus, bis sich dein ganzer Körper in harmonischem Einklang mit deinem Atem bewegt. In diesem Augenblick nimmst du wahr, wie deine geistigen Sinne erwachen, und du richtest deinen Blick nach innen. Seraphim Gabriel ist bei dir, an deiner Seite. Sie lächelt dich an, breitet ihre Flügel aus und hüllt dich mit ihren wunderschönen Schwingen vollkommen ein. Ihre kraftvolle Präsenz überträgt sich auf dich. Seraphim Gabriel gibt dich frei, und du blickst direkt in ihre klaren Augen. Ihr steht euch in geringem Abstand gegenüber. Seraphim Gabriel hebt ihre Hand und berührt deine Handfläche mit ihrer. Sie schließt die Augen, und du tust es ihr gleich. Seraphim Gabriel lenkt deinen inneren Blick auf dein Herzchakra. Du nimmst wahr, wie dein Herz im Einklang mit ihrem kraftvollen Herzrhythmus schlägt. Aus deinem Herzzentrum fließt ein Energiestrahl, der vor deinem Brustkorb ein filigranes hochfrequentes Energie-Herz bildet. Anmutig schwebt es vor dir in der Luft. Seraphim Gabriels kraftvolles Energie-Herz schwebt gleichfalls vor ihr. Zwei bezaubernde Energie-Herzen, die im Einklang pulsieren. Eure Herzen schweben aufeinander zu, berühren sich sanft und beginnen langsam, sich zu vereinen. Sie verweben sich immer mehr, bis zur vollkommenen Verschmelzung. Ihr seid EIN Herz. Du beginnst, die Kraft von Seraphim Gabriel in dir wahrzunehmen. Ihre gigantische Präsenz fließt in jede Zelle deines Bewusstseins ein. Ihre Schönheit, ihre Weiblichkeit, ihre Visionen, ihre Hoffnung, ihre vollkommene Liebe zu dir pulsieren in deiner Seele. Jede Zelle deines Körpers saugt die Energie ein, und du spürst, wie Schönheit, Weiblichkeit, Visionen, Hoffnung und vollkommene Liebe in dir erwachen. Das vereinte Herz beginnt, sacht nach oben zu gleiten, und schwebt als gigantisches perlmuttartig schimmerndes Herz über euch. Das Energie-Herz dehnt sich weiter aus, so weit, dass es sich über euch herabsenken kann.

Du stehst im Mittelpunkt von Seraphim Gabriels Herzzentrum.
Fühle ihre Macht und Kraft, die
dir ab jetzt in allen Bereichen deines Daseins allzeit zur Verfügung
stehen.

Das Herz beginnt sanft und achtsam,
seine Energie zu verringern, bis es seine
Ursprungsgröße erreicht hat und zwischen
euch ruht. Vorsichtig trennen sich eure Energien und
gleiten geschmeidig in eure Herzchakras zurück. Du bist weiterhin
mit Seraphim Gabriel verbunden. Ein tiefes Gefühl der Freiheit
breitet sich von deinem Herzchakra aus in deinem gesamten Körper
aus.

Seraphim Gabriel verabschiedet sich von dir. Lasse dir Zeit, genieße
deine Gefühle, und nimm dein Umfeld aus einem neuen Blickwinkel
wahr.

Seraphim Raphael

Name:	Raphael – »Gott heilt«
Farbe:	helles Grün/Silber
Zwilling:	Seraphim Uriel
Seelenpartner:	Avatar Venus
Aufgabe:	Göttliche Heilung, Humor, Lehren

Energie & Charakter

Humorvoll und offenherzig – Seraphim Raphael gibt niemals auf, er ist großzügig und tolerant, zielstrebig und fokussiert. Er ist der große Heiler unter den Seraphim und lässt geschehen, was geschehen soll. Raphael ist ein begeisterungsfähiger Seraphim. Er hat ein sehr heiteres Gemüt, einen trockenen Humor und ist konservativ. Zudem ist er sanft und behutsam, kann, wenn es sein muss, jedoch auch überschwänglich herzlich werden. Seraphim Raphaels Temperament ist kühl, jedoch nicht distanziert. Was seine Arbeitsweise angeht, ist er ein gemütlicher Seraphim. Hektik liegt ihm nicht.

Unterstützt bei …

Krankheit – schenkt Heilung
Resignation – verleiht Kraft zum Weitermachen
Trübsal – fördert Lachen
Flatterhaftigkeit – schenkt Stabilität
Zerstreutheit – stärkt den Fokus
Teilnahmslosigkeit – fördert Interesse

Themen von Seraphim Raphael

Heiterkeit

Seraphim Raphael ist unbestritten der lustigste der zwölf Seraphim. Sein Lachen ist hochgradig ansteckend. Sein heiterer Charakter beschwingt alle Seelen. Allein seine Anwesenheit erzeugt ein wunderbares Gefühl von Wohligkeit.

Botschaft für DICH
Seraphim Raphael schenkt dir ein Lachen im Herzen.

Heilung

Seraphim Raphael mit einem Wort zu beschreiben, ist nicht leicht. Auf der einen Seite ist er unbestritten DER Heiler, auf der anderen Seite repräsentiert er Fröhlichkeit. Seraphim Raphaels phänomenale Heilfähigkeiten sind legendär. Gepaart mit seinem exquisiten »englischen Humor« ist das einfach superb.

Botschaft für DICH
Verliere in einer Krankheit niemals dein Lachen. Seraphim Raphael unterstützt dich, eine Erkrankung als Chance zur Bewusstwerdung zu nutzen.

Dream-Team

Seraphim Raphaels Zwilling ist Seraphim Uriel. Raphael ist Mediziner, Uriel der Chirurg. Beide sind von Seiten der Engel das kosmische Dream-Team der Medizin. Seraphim Raphael ist im Zwillingsgespann der sanftere und ruhigere, während Seraphim Uriel der »Sonnyboy« ist.

Botschaft für DICH

Gemeinsam gelingen Projekte und Visionen leichter. Begib dich auf die Suche nach einem geeigneten Partner.

Abenteuerlust

Seraphim Raphael ist von der Pracht und Vielfalt unseres Universums entzückt und begeistert. Er ist neugierig und liebt das Experimentieren mit aller Art von Materie. Er wird nicht müde, das Universum zu erforschen und sich den daraus entstehenden Abenteuern hinzugeben.

Botschaft für DICH

Seraphim Raphael hilft dir, wenn dein Leben in allzu engen und eintönigen Mustern feststeckt. Er unterstützt dich dabei, deine Experimentierfreudigkeit zu entdecken.

Intensive Heilung

Seraphim Raphael ist der Heiler-Engel. Er begleitet jedes Wesen auf seinem Weg der Heilung. Das bedeutet jedoch nicht in jedem Fall, dass der menschliche Körper erhalten bleibt. Seraphim Raphael ist immer und jederzeit bereit, dir Hilfe zu gewähren. Er ist kein Engel, der schnell und oberflächlich handelt. Seraphim Raphael wird einen langsameren und dafür gründlicheren Weg für dich wählen. Bittest du Seraphim Raphael um Unterstützung, sollte dir bewusst sein, dass er die Ursache einer Erkrankung an die Oberfläche bringt.

Botschaft für DICH

Seraphim Raphael konfrontiert dich mit dir selbst. Er sieht deine innersten Gedanken. Er unterstützt dich dabei, den wahren Grund deiner Erkrankung zu erkennen und zu wandeln.

Unterstützung

Seraphim Raphael ist ein lustiger Seraphim und zugleich ernst, hartnäckig und schonungslos ehrlich. Seraphim Raphael ist der einzige Seraphim, der mit sich reden lässt, falls du gute Argumente für eine Bitte hast, die nicht in deiner Lebensaufgabe vorgesehen ist. Er gibt nicht auf und wird nicht müde, dich zu konfrontieren, solltest du dein Ziel aus den Augen verlieren. Erwählst du Seraphim Raphael als sphärischen Begleiter, beschreitest du einen tief gehenden Weg. Du wirst mit ihm deine dunkelsten und schmerzvollsten Seiten kennenlernen.

Botschaft für DICH

Seraphim Raphael präsentiert sich dir als ein geduldiger, jedoch unerbittlicher Lehrer. Er fängt dich auf und weist dir die Richtung. Schreite mutig voran. Seraphim Raphaels Hand wirst du ab diesem Zeitpunkt immer in deinem Rücken als Stütze wahrnehmen.

Meditation: Seraphim Raphael

Lege dich bequem auf eine dir angenehme Unterlage. Atme ein und aus, bis sich dein ganzer Körper in harmonischem Einklang mit deinem Atem bewegt. In diesem Augenblick nimmst du wahr, wie deine geistigen Sinne erwachen, und du richtest deinen Blick nach innen. Seraphim Raphael ist bei dir, an deiner Seite. Er lächelt dich an, breitet seine Flügel aus und hüllt dich mit seinen wunderschönen Schwingen vollkommen ein. Seine kraftvolle Präsenz überträgt sich auf dich. Seraphim Raphael gibt dich frei, und du blickst direkt in seine klaren Augen. Ihr steht euch in geringem Abstand gegenüber. Seraphim Raphael hebt seine Hand und berührt deine Handfläche mit seiner. Er schließt die Augen, und du tust es ihm gleich.

Seraphim Raphael lenkt deinen inneren Blick auf dein Herzchakra. Du nimmst wahr, wie dein Herz im Einklang mit seinem kraftvollen Herzrhythmus schlägt. Aus deinem Herzzentrum fließt ein Energiestrahl, der vor deinem Brustkorb ein filigranes hochfrequentes Energie-Herz bildet. Anmutig schwebt es vor dir in der Luft. Seraphim Raphaels kraftvolles Energie-Herz schwebt gleichfalls vor ihm. Zwei bezaubernde Energie-Herzen, die im Einklang pulsieren. Eure Herzen schweben aufeinander zu, berühren sich sanft und beginnen langsam, sich zu vereinen. Sie verweben sich immer mehr, bis zur vollkommenen Verschmelzung. Ihr seid EIN Herz. Du beginnst, die Kraft von Seraphim Raphael in dir wahrzunehmen. Seine gigantische Präsenz fließt in jede Zelle deines Bewusstseins ein. Seine Fröhlichkeit, sein Humor, seine Heilung, seine Vertrautheit, seine vollkommene Liebe zu dir pulsieren in deiner Seele. Jede Zelle deines Körpers saugt die Energie ein, und du spürst, wie Fröhlichkeit, Humor, Heilung, Vertrautheit und vollkommene Liebe in dir erwachen. Das vereinte Herz beginnt, sacht nach oben zu gleiten, und schwebt als gigantisches grün schimmerndes Herz über euch. Das Energie-Herz dehnt sich weiter aus, so weit, dass es sich über euch he

rabsenken kann. Du stehst im Mittelpunkt von Seraphim Raphaels
Herzzentrum. Fühle seine Macht
und Kraft, die dir ab jetzt in allen
Bereichen deines Daseins allzeit
zur Verfügung stehen.
Das Herz beginnt sanft und achtsam,
seine Energie zu verringern, bis es seine
Ursprungsgröße erreicht hat und zwischen
euch ruht. Vorsichtig trennen sich eure Energien und
gleiten geschmeidig in eure Herzchakras zurück. Du bist weiterhin
mit Seraphim Raphael verbunden. Ein tiefes Gefühl der Freiheit
breitet sich von deinem Herzchakra aus in deinem gesamten Körper
aus.
Seraphim Raphael verabschiedet sich von dir. Lasse dir Zeit, genieße
deine Gefühle, und nimm dein Umfeld aus einem neuen Blickwinkel
wahr.

Seraphim Uriel

Name:	Uriel – »Das Feuer Gottes«
Farbe:	Rot/Gold
Zwilling:	Seraphim Raphael
Seelenpartner:	Seraphim Chamuel
Aufgabe:	Prüfen der Seelen, Stärke schenken, Heilung, Visionen schöpfen, Begleitung der Erde

Energie & Charakter

Seraphim Uriel ist Feuer. Er gibt Struktur und unterstützt die Entschlusskraft. Er hilft, die eigene Wahrheit zu finden, stärkt den Glauben an sich selbst und lehrt, spirituelle Macht liebevoll einzusetzen. Seraphim Uriel entfacht das Liebesfeuer in dir. Er fördert dein verborgenes Temperament und bringt es zum Glühen. Seraphim Uriel hilft dir, dich frei und unabhängig zu fühlen. Er unterstützt dich dabei, aus deinem grauen Dasein einen prachtvollen wilden Garten zu gestalten. Ist Seraphim Michael Kraft, so repräsentiert Seraphim Uriel Stärke.

Unterstützt bei …

Lethargie – bringt in liebevolle Aktion
Disharmonie – fördert Harmonie
Kraftlosigkeit – verleiht Stärke
Erschöpfung – stärkt die Impulskraft

Themen von Seraphim Uriel

Dynamik

Kein anderer Seraphim hat so viel Feuer in sich wie Seraphim Uriel. Sein Temperament ist vulkanisch. Er ist von allen Seraphim der temperamentvollste. Ihn mit einem Wort zu beschreiben, ist unproblematisch. Das passende Wort ist »Dynamik«, um nicht zu sagen »feurig«. Er repräsentiert das innere Feuer Gottes. Er ist der »Sonnyboy« der Engel-Sphäre. Er leitet zahlreiche universale Projekte, saust von einem Ort zum anderen und gibt Anweisungen. Zudem ist Seraphim Uriel der Chirurg in unserem Universum.

Botschaft für DICH
Klar und deutlich: FANG ZU LEBEN AN. Lasse so viel wie möglich auf einmal geschehen.

Dualität leben

Uriels Zwilling ist Seraphim Raphael. Seraphim Uriel, der den feurigen Part übernimmt, ist, ebenso wie Seraphim Raphael, besonders humorvoll. Im Gegensatz zu Seraphim Raphael besitzt Seraphim Uriel einen charmanten Lausbuben-Charme. Steht Seraphim Raphael im Hintergrund, wirkt Seraphim Uriel mitten im Geschehen. Seraphim Raphael ist Gentleman, Seraphim Uriel ein dynamischer, schelmischer Casanova, der zum bestimmenden Lehrer wechseln kann.

Botschaft für DICH

Seraphim Uriel unterstützt dich dabei, deine charmante Seite zu entfalten und zu leben. Nichts ist im Leben so wichtig wie das Leben selbst. Überwinde das Jammertal, und begib dich auf die Sonnenseite.

Durchsetzungskraft

Seraphim Uriels Charakter weist so manch bedeutende Eigenschaft auf. Die des Kriegers zählt allerdings nicht dazu. Seraphim Uriel ist schnell, hitzig, und er ist stark. Offener Kampf gehört indessen nicht zum täglichen Repertoire eines Seraphim Uriel.

Botschaft für DICH

Lebe deine Stärke mit friedvollem Elan. Setze dich mit Argumenten durch, und bleibe standhaft in deinen Visionen.

Bewusstseinsentfaltung

Seraphim Uriel ist der Engel der Seelenprüfung und der Chef der Bewusstseinsentfaltung. Will ein Wesen eine neue Bewusstseinsebene erreichen, wird Seraphim Uriel die Seele auf ihre Absichten und Einsichten durchleuchten. Er schaut direkt und mitten ins Herzzentrum. Er bewacht besonders das Tor zur Engel-Sphäre in der zwölften Dimension und steht weiterhin an der Grenze zur Einheit.

Botschaft für DICH

Seraphim Uriel ist an deiner Seite und überwacht konkret deine Bewusstwerdung, deinen Aufstiegsprozess.

Grenzen wahren

Seraphim Uriel ist kein Engel, mit dem man es sich verscherzen sollte. Weder irdisch noch sphärisch. Er ist erbarmungslos, wenn es darum geht, Gott zu dienen. Seraphim Uriel überschreitet jedoch niemals die Grenzen und den Willen einer Seele. Er prüft Seelen, die ihm ein eindeutiges Ja geben. Seraphim Uriel ist ein achtsamer Engel. Er geht behutsam und dennoch dynamisch vor.

Botschaft für DICH

Achte auf deine Handlungen. Wann überschreitest du die Grenze von anderen? Wann nimmst du anderen ihre Eigenverantwortung?

Mut

Erwählst du Seraphim Uriel als begleitenden Seraphim, dann wirst du deine Prozesse im Schnelldurchlauf erleben. Es wird nach seinen Spielregeln gespielt. Seraphim Uriel konfrontiert dich gnadenlos und permanent. Seine Schule ist hart, ohne jegliches Gesülze. Er ist streng, jedoch herzlich und liebevoll. Man kann herzhaft mit ihm lachen, sofern anschließend weitergearbeitet wird.

Botschaft für DICH

Seraphim Uriel übermittelt dir die Botschaft: »Der Weg ist das Ziel.«

Heilung

Seraphim Uriel ist der kosmische Chirurg. Ihm ist es zu verdanken, dass die menschlichen Körper so sind, wie sie sind. Seraphim Uriel ist nicht nur der Spezialist für Chirurgie, sondern ebenso für Gynäkologie und Urologie.

Botschaft für DICH

Bei Problemen im Urogenital- bzw. gynäkologischen Bereich und bei jeglichem chirurgischen Eingriff unterstützt Seraphim Uriel deinen Heilprozess.

Meditation: Seraphim Uriel

Lege dich bequem auf eine dir angenehme Unterlage. Atme ein und aus, bis sich dein ganzer Körper in harmonischem Einklang mit deinem Atem bewegt. In diesem Augenblick nimmst du wahr, wie deine geistigen Sinne erwachen, und du richtest deinen Blick nach innen. Seraphim Uriel ist bei dir, an deiner Seite. Er lächelt dich an, breitet seine Flügel aus und hüllt dich mit seinen wunderschönen Schwingen vollkommen ein. Seine kraftvolle Präsenz überträgt sich auf dich. Seraphim Uriel gibt dich frei, und du blickst direkt in seine klaren Augen. Ihr steht euch in geringem Abstand gegenüber. Seraphim Uriel hebt seine Hand und berührt deine Handfläche mit seiner. Er schließt die Augen, und du tust es ihm gleich.

Seraphim Uriel lenkt deinen inneren Blick auf dein Herzchakra. Du nimmst wahr, wie dein Herz im Einklang mit seinem kraftvollen Herzrhythmus schlägt. Aus deinem Herzzentrum fließt ein Energiestrahl, der vor deinem Brustkorb ein filigranes hochfrequentes Energie-Herz bildet. Anmutig schwebt es vor dir in der Luft. Seraphim Uriel kraftvolles Energie-Herz schwebt gleichfalls vor ihm. Zwei bezaubernde Energie-Herzen, die im Einklang pulsieren. Eure Herzen schweben aufeinander zu, berühren sich sanft und zart und beginnen langsam, sich zu vereinen. Sie verweben sich immer mehr, bis zur vollkommenen Verschmelzung. Ihr seid EIN Herz. Du beginnst, die Kraft von Seraphim Uriel in dir wahrzunehmen. Seine gigantische Präsenz fließt in jede Zelle deines Bewusstseins ein. Seine Stärke, sein inneres Feuer, seine Entschlusskraft, seine Männlichkeit, seine vollkommene Liebe zu dir pulsieren in deiner Seele. Jede Zelle deines Körpers saugt die Energie ein, und du spürst, wie Stärke, inneres Feuer, Entschlusskraft und vollkommene Liebe in dir erwachen. Das vereinte Herz beginnt, sacht nach oben zu gleiten, und schwebt als gigantisches rot schimmerndes Herz über euch. Das Energie-Herz dehnt sich weiter aus, so weit, dass es sich über euch herabsenken kann. Du stehst im Mittelpunkt von Seraphim Uriels Herzzentrum. Fühle seine Macht und Kraft, die dir ab jetzt in allen Bereichen deines Daseins allzeit zur Verfügung stehen.

Das Herz beginnt sanft und achtsam, seine Energie zu verringern, bis es seine Ursprungsgröße erreicht hat und zwischen euch ruht. Vorsichtig trennen sich eure Energien und gleiten geschmeidig in eure Herzchakras zurück. Du bist weiterhin mit Seraphim Uriel verbunden. Ein tiefes Gefühl der Freiheit breitet sich von deinem Herzchakra über deinen gesamten Körper aus. Seraphim Uriel verabschiedet sich von dir. Lasse dir Zeit, genieße deine Gefühle, und nimm dein Umfeld aus einem neuen Blickwinkel wahr.

Seraphim Zadkiel

Name:	Zadkiel – »Gottes Gerechtigkeit«
Farbe:	Violett/Silber
Zwilling:	Seraphim Luzifer
Seelenpartner:	Seraphim Gabriel
Aufgabe:	Einhaltung universaler Gesetze, innerer Wandel, Karmaüberwindung

Energie & Charakter

Seraphim Zadkiel ist ein leidenschaftlicher Engel und gleichzeitig einfühlsam und bedächtig. Seine Ruhe wirkt sich auf den gesamten Kosmos aus. Er sorgt in unserem Universum dafür, dass kosmische Gesetze eingehalten werden, und lehrt die Wesen die Auswirkung der Gesetze. Er ist ein stiller Engel, der mit Lichtgeschwindigkeit handeln kann. Er offenbart in seinem Wesen eine magische Leidenschaft für die gesamte Schöpfung. Seine Leidenschaft lebt er genießerisch. Er ist der Seraphim, der darauf achtet, dass sich die gesamte Schöpfung an universale Spielregeln hält.

Unterstützt bei

Festhalten – hilft, loszulassen
Verlustangst – schenkt Sicherheit
Trauer – hilft, Frieden zu finden
Verbissenheit – schenkt Freiheit
Starre – weckt Leidenschaft

Themen von Seraphim Zadkiel

Leidenschaft

Seraphim Zadkiel ist der leidenschaftlichste Engel. Er trägt in sich das Wissen der göttlichen Gesetze. Trotz der ein wenig trocken anmutenden Aufgabe ist Seraphim Zadkiel alles andere als ein verstaubter, göttlicher Beamter. Seraphim Zadkiel mit einem Wort zu beschreiben, fällt leicht. Er ist »Leidenschaft«. Seine hingebungsvolle Liebe ist ein unbeschreibliches Geschenk. Man könnte fast sagen, Seraphim Zadkiel ist DER Lover des Universums. Er ist leidenschaftlich und gibt sich allem hin, dennoch besitzt er eine schüchterne Seite.

Botschaft für DICH
Egal, was du geschehen lässt, lasse alles mit göttlicher Leidenschaft geschehen.

Schatten in Licht wandeln

Zadkiels Zwilling ist Seraphim Luzifer, der Morgenstern. In Seraphim Zadkiels Herzzentrum lebt die wahre göttliche Luzifer-Liebe. Sieht er seinen Zwilling, fallen alle Illusionen von Seraphim Luzifer ab, da er sich in Zadkiel wiedererkennt. In Seraphim Zadkiel lebt die Energie des wahren Seins Luzifers. Er hütet in seinem Herzchakra die göttliche Liebe Luzifers.

Botschaft für DICH

Du bekommst Mut, deine Schattenseiten zu betrachten und in Licht zu wandeln. Du bist fähig, alle Illusion zu überwinden. Erkenne die Wahrheit in dir.

Unliebsame Aufgaben

Seraphim Zadkiel wirkt in allen Dimensionen und in allen Ebenen. Doch gern hält sich Seraphim Zadkiel nicht in den unteren Ebenen auf. Die Materie ist ihm ein Rätsel. Ihm fällt es von allen Seraphim am schwersten, seine Existenz im Universum zu erhalten. Während den meisten Seraphim das Universum Spaß bereitet, betrachtet Seraphim Zadkiel es als unabwendbare Notwendigkeit. Er schenkt allen Wesen uneingeschränkt seine Liebe und Hingabe, was ihn dazu beflügelt, seine Aufgabe im Universum unermüdlich zu erfüllen.

Botschaft für DICH

Du bekommst die Energie, unliebsame Aufgaben in Liebe und Hingabe zu erfüllen. Erkenne, wie wertvolle jede Arbeit ist.

Illusionen überwinden

Seraphim Zadkiel manifestiert seine Seelenanteile in allen Dimensionen und Ebenen – außer in der ersten. Neben dieser Tätigkeit ist er unermüdlich damit beschäftigt, die Auswirkungen seines Zwillings unter Kontrolle zu bringen. Er wandelt die Energie Seraphim Luzifers in göttliche Liebe, was ausschließlich er vollbringen kann.

Botschaft für DICH

Seraphim Zadkiel ist bevollmächtigt, die Illusion in dir zu wandeln. Bitte ihn, dich beim Erkennen der Illusion Seraphim Luzifers zu unterstützen.

Schutz

Seraphim Zadkiel ist im Vergleich zu Seraphim Uriel oder Seraphim Michael kein strenger Seraphim. Er ist ernst, bezaubernd und großzügig. Seraphim Zadkiel achtet mit allumfassender Genauigkeit auf die Einhaltung der Spielregeln. Werden im Universum Regeln und Gesetze gebrochen, ruft Seraphim Zadkiel mit eindringlicher Entschlossenheit zur Ordnung. Er ist ungemein originell, bringt oft Pointen, wo andere nichts mehr zu sagen haben.

Botschaft für DICH

Bist du traurig oder fühlst du dich verletzt, drehen sich negative Gedanken pausenlos in deinem Kopf, breitet Seraphim Zadkiel seine Schwingen schützend um dich.

Ein Schritt nach dem anderen

Seraphim Zadkiel geht behutsam mit seiner Stärke um, handelt bedacht und wohlüberlegt. Sein friedfertiges Wesen beruhigt erhitzte Gemüter augenblicklich. Er sieht in jeder Seele die absolute göttliche Eleganz. Braucht ein Wesen seinen Rat, steht er gern zur Verfügung. Er betreut seine Schützlinge mit beharrlicher Geduld auf ihrem Weg.

Botschaft für DICH

Seraphim Zadkiel lehrt dich, einen Lernschritt zu beenden. Ein Schritt nach dem nächsten. Neue Lernsituationen erreichen dein Leben, sobald du das Jetzige beherrschst.

Heilung

Seraphim Zadkiel ist der kosmische Orthopäde.

Botschaft für DICH

Seraphim Zadkiel unterstützt dich bei allen Disharmonien des Bewegungsapparates.

Meditation: Seraphim Zadkiel

Lege dich bequem auf eine dir angenehme Unterlage. Atme ein und aus, bis sich dein ganzer Körper in harmonischem Einklang mit deinem Atem bewegt. In diesem Augenblick nimmst du wahr, wie deine geistigen Sinne erwachen, und du richtest deinen Blick nach innen. Seraphim Zadkiel ist bei dir, an deiner Seite. Er lächelt dich an, breitet seine Flügel aus und hüllt dich mit seinen wunderschönen Schwingen vollkommen ein. Seine kraftvolle Präsenz überträgt sich auf dich. Seraphim Zadkiel gibt dich frei, und du blickst direkt in seine klaren Augen. Ihr steht euch in geringem Abstand gegenüber. Seraphim Zadkiel hebt seine Hand und berührt deine Handfläche mit seiner. Er schließt die Augen, und du tust es ihm gleich.

Seraphim Zadkiel lenkt deinen inneren Blick auf dein Herzchakra. Du nimmst wahr, wie dein Herz im Einklang mit seinem kraftvollen Herzrhythmus schlägt. Aus deinem Herzzentrum fließt ein Energiestrahl, der vor deinem Brustkorb ein filigranes hochfrequentes Energie-Herz bildet. Anmutig schwebt es vor dir in der Luft. Seraphim Zadkiel kraftvolles Energie-Herz schwebt gleichfalls vor ihm. Zwei bezaubernde Energie-Herzen, die im Einklang pulsieren. Eure Herzen schweben aufeinander zu, berühren sich sanft und beginnen langsam, sich zu vereinen. Sie verweben sich immer mehr, bis zur vollkommenen Verschmelzung. Ihr seid EIN Herz. Du beginnst, die Kraft von Seraphim Zadkiel in dir wahrzunehmen. Seine gigantische Präsenz fließt in jede Zelle deines Bewusstseins. Seine Leidenschaft, seine Struktur, seine Genauigkeit, seine Kompromisslosigkeit, seine vollkommene Liebe zu dir pulsieren in deiner Seele. Jede Zelle deines Körpers saugt die Energie ein, und du spürst, wie Leidenschaft, Struktur, Genauigkeit, Kompromisslosigkeit und vollkommene Liebe in dir erwachen. Das vereinte Herz beginnt, sacht nach oben zu gleiten, und schwebt als gigantisches violett schimmerndes Herz über euch. Das Energie-Herz dehnt sich weiter aus, so weit, *dass es sich über euch herabsenken kann. Du stehst im Mittelpunkt von Seraphim Zadkiels Herzzentrum. Fühle seine Macht und Kraft, die dir ab jetzt in allen Bereichen deines Daseins allzeit zur Verfügung stehen.*

Das Herz beginnt sanft und achtsam, seine Energie zu verringern, bis es seine Ursprungsgröße erreicht hat und zwischen euch ruht.

Vorsichtig trennen sich eure Energien und gleiten geschmeidig in eure Herzchakras zurück. Du bist weiterhin mit Seraphim Zadkiel verbunden. Ein tiefes Gefühl der Freiheit breitet sich von deinem Herzchakra aus in deinem gesamten Körper aus.

Seraphim Zadkiel verabschiedet sich von dir. Lasse dir Zeit, genieße deine Gefühle, und nimm dein Umfeld aus einem neuen Blickwinkel wahr.

Seraphim Metatron

Name:	Metatron – »Gottes Gegenwart«
Farbe:	Türkis
Zwilling:	Seraphim Sandalphon
Seelenpartner:	Seraphim Haniel
Aufgabe:	Aufsicht und Betreuung der Seelen im Allgemeinen, Beschützer der Indigo-, Kristall- und Diamant-Kinder

Energie & Charakter

Zielorientiert, fokussiert, streng – Seraphim Metatron ist der Engel, der die meisten Inkarnationen auf der Erde vollbracht hat. Er ist introvertiert und spricht in kurzen, klaren Sätzen. Seraphim Metatron ist still und behütend. Gleichzeitig ist er überaus korrekt. Er ist der erste Engel, der sein Bewusstsein über eine irdische Inkarnation entfaltet hat. Mit ausgesprochener Zielorientiertheit und Selbstverantwortung lehrt er alle Seelen, ihre Verantwortung zu tragen und damit ihre Freiheit wiederzuerlangen. Seraphim Metatron weist dir den irdischen Weg zur kosmischen Bewusstwerdung.

Unterstützt bei …
Orientierungslosigkeit – hilft, Ziele zu erkennen
Kontrollverlust – hilft, Grenzen zu akzeptieren
Depression – stärkt den Selbstwert
Verlorensein – gibt Raum

Themen von Seraphim Metatron

Indigo-, Kristall- und Diamant-Kinder
Seraphim Metatron ist der erste Engel, der im vollen Bewusstsein aktiv seinen Entfaltungsweg über die Erde wählte. Er ist von allen Seraphim der konsequenteste. Ihn mit einem Wort zu beschreiben, ist nicht ganz leicht. Das Wort »entschlossen« kommt ihm sehr nahe. Er hat nichts von einem Charmeur oder Sonnyboy. Sein Charakter entspricht einem liebevollen, gradlinigen General. Eine Herzensaufgabe von ihm ist die Betreuung der Indigo-, Kristall- und Diamant-Kinder auf der Erde.

Botschaft für DICH
Seraphim Metatron ist bereit, an deinem irdischen Weg zu deiner Bewusstwerdung zu arbeiten. Du bist entweder ein Indigo-, Kristall- oder Diamant-Kind, empfängst eines, hast es schon geboren oder arbeitest mit ihnen.

Stärke
Seraphim Metatron hat als erster Engel seine Entfaltung über den irdischen Weg absolviert. Hierin zeigt sich hervorragend die Charakterstärke von Seraphim Metatron.

Botschaft für DICH

Ganz gleich, welche Hindernisse auf deinem Weg liegen, sie sind nur Kieselsteine, wenn du deinen göttlichen Willen lebst.

Fokus & aktive Handlung

Metatrons Zwilling ist Seraphim Sandalphon. Ist Seraphim Metatron der Strenge, so übernimmt Seraphim Sandalphon den Part des Charmeurs und Lebeengels. Ist Seraphim Metatron asketisch, so liebt Seraphim Sandalphon das Ausschweifende. Seraphim Metatron geht lieber gleich in die aktive Handlung, während Seraphim Sandalphon erst einmal zu einem Plauderstündchen einlädt.

Botschaft für DICH

Seraphim Metatron verleiht dir die Kraft und den Willen, schwierige Situationen konsequent und furchtlos zu durchleben. Er unterstützt dich dabei, niemals den Fokus deiner Arbeit zu verlieren.

Pioniergeist

Seraphim Metatrons Aufgabe ist es, Menschen Mut zu schenken, ihren Bewusstwerdungsvorgang auf der Erde aktiv zu wählen. Seit Seraphim Metatrons erfolgreichem Aufstieg vom Erzengel zum Seraphim beschreiten mehr Seelen den bewussten Aufstieg über die Erde. Besonders die höher schwingenden Seelensphären sind seither an einem irdischen Bewusstwerdungsweg interessiert.

Botschaft für DICH

Seraphim Metatron schenkt dir Mut, neue Wege zu beschreiten. Sei ein Pionier, und bereite den Weg für alle Menschen.

Liebevolle Strenge

Seraphim Metatron lässt keine Ausreden zu. Er durchschaut die Absichten der Wesen und ist unnachgiebig, auch mit sich selbst. Er ist von den Engeln die Seele, die sich am intensivsten reflektiert und kontrolliert. Er sucht nach immer neuen Wegen, den Aufstiegsprozess zu erleichtern, ohne Verlust an Tiefe und Qualität.

Botschaft für DICH
Achte bei deiner Entfaltung auf deine Absichten und deine Handlungsweisen.

Liebevolle Begleitung

Erwählst du Seraphim Metatron als begleitenden Seraphim, werden dir deine Handlungen schnell bewusst. Er ist ein liebevoller, jedoch erbarmungsloser Begleiter. Er duldet keinen Widerspruch, wenn es um deinen göttlichen Aufstieg geht. Zeigst du dich willig, Seraphim Metatron zu folgen und seine Prüfungen freudig zu empfangen, wird er dir hingebungsvoll dienen.

Botschaft für DICH
Seraphim Metatron ist aktiv an deiner Seite und begleitet deine Bewusstwerdung.

Heilung

Seraphim Metatron hat als Seraphim die Aufgabe des Anästhesisten übernommen. Das beinhaltet sowohl die Narkose bei Operationen wie die Schmerztherapie.

Botschaft für DICH
Leidest du unter chronischen Schmerzen, bitte Seraphim Metatron, dir das geeignete Werkzeug zur Schmerzlinderung aufzuzeigen. Bei einer Narkose bitte Metatron, deine Seele zu hüten und die Anästhesie zu begleiten.

Meditation: Seraphim Metatron

Lege dich bequem auf eine dir angenehme Unterlage. Atme ein und aus, bis sich dein ganzer Körper in harmonischem Einklang mit deinem Atem bewegt. In diesem Augenblick nimmst du wahr, wie deine geistigen Sinne erwachen, und du richtest deinen Blick nach innen. Seraphim Metatron ist bei dir, an deiner Seite. Er lächelt dich an, breitet seine Flügel aus und hüllt dich mit seinen wunderschönen Schwingen vollkommen ein. Seine kraftvolle Präsenz überträgt sich auf dich. Seraphim Metatron gibt dich frei, und du blickst direkt in seine klaren Augen. Ihr steht euch in geringem Abstand gegenüber. Seraphim Metatron hebt seine Hand und berührt deine Handfläche mit seiner. Er schließt die Augen, und du tust es ihm gleich.

Seraphim Metatron lenkt deinen inneren Blick auf dein Herzchakra. Du nimmst wahr, wie dein Herz im Einklang mit seinem kraftvollen Herzrhythmus schlägt. Aus deinem Herzzentrum fließt ein Energiestrahl, der vor deinem Brustkorb ein filigranes hochfrequentes Energie-Herz bildet. Anmutig schwebt es vor dir in der Luft. Seraphim Metatron kraftvolles Energie-Herz schwebt gleichfalls vor ihm. Zwei bezaubernde Energie-Herzen, die im Einklang pulsieren. Eure Herzen schweben aufeinander zu, berühren sich sanft und zart und beginnen langsam sich zu vereinen. Sie verweben sich immer mehr, bis zur vollkommenen Verschmelzung. Ihr seid EIN Herz. Du beginnst, die Kraft von Seraphim Metatron in dir wahrzunehmen. Seine gigantische Präsenz fließt in jede Zelle deines Bewusstseins. Seine Strenge, seine Ausdauer, seine liebevolle Autorität, sein Feingefühl, seine vollkommene Liebe zu dir pulsieren in deiner Seele. Jede Zelle deines Körpers saugt die Energie ein, und du spürst, wie Strenge, Ausdauer, liebevolle Autorität, Feingefühl und vollkommene Liebe in dir erwachen. Das vereinte Herz beginnt, sacht nach oben zu gleiten, und schwebt als gigantisches türkis schimmerndes Herz über euch. Das

Energie-Herz dehnt sich weiter aus, so weit, dass es sich über euch herabsenken kann. Du stehst im Mittelpunkt von Seraphim Metatrons Herzzentrum. Fühle seine Macht und Kraft, die dir ab jetzt in allen Bereichen deines Daseins allzeit zur Verfügung stehen.

Das Herz beginnt sanft und achtsam, seine Energie zu verringern, bis es seine Ursprungsgröße erreicht hat und zwischen euch ruht. Vorsichtig trennen sich eure Energien und gleiten geschmeidig in eure Herzchakras zurück. Du bist weiterhin mit Seraphim Metatron verbunden. Ein tiefes Gefühl der Freiheit breitet sich von deinem Herzchakra aus in deinem gesamten Körper aus.

Seraphim Metatron verabschiedet sich von dir. Lasse dir Zeit, genieße deine Gefühle, und nimm dein Umfeld aus einem neuen Blickwinkel wahr.

Seraphim Sandalphon

Name:	Sandalphon – »Hüter des göttlichen Gartens«
Farbe:	helles Goldbraun, Orange
Zwilling:	Seraphim Metatron
Seelenpartner:	Seraphim Ariel
Aufgabe:	Überwachung universaler Entfaltungsvorgänge, Vermittler zwischen allen Planeten-, Sternen- und Sonnenwesen

Energie & Charakter

Seraphim Sandalphon ist ein überaus lustiger Engel. Mit seinem sorglosen, humorvollen und freiheitsliebenden Charakter bringt er Heiterkeit in düstere Angelegenheiten. Bewusstwerdungsprozesse gestaltet er unterhaltsam und ausschweifend. Er begleitet alle Wesen mit seinem leichten Sein. Sein Unternehmungsgeist animiert dazu, jegliche Abenteuer anzugehen. Seraphim Sandalphon bringt Lebensfreude in dein Leben zurück. Durch seine überaus charmante Art findet er immer Wege, schwierigen Situationen »den Stachel zu nehmen« und den Witz in einer Situation zu erkennen. Seraphim Sandalphon ist fröhlich und weist dir den Weg in die Unbeschwertheit.

Unterstützt bei …
Sturheit – unterstützt die Selbstreflexion
Intrigen – fördert Ehrlichkeit
Resignation – verhilft zu mehr Aktivität
Schweigen – fördert Kommunikation

Themen von Seraphim Sandalphon

Positivität
Seraphim Sandalphon ist von allen Seraphim der einnehmendste. Mit seiner angenehmen, galanten Art wickelt er jedes Wesen in Windeseile um den Finger. Ihn mit einem Wort zu beschreiben, ist mühelos. Er ist ein Charmeur. Doch er ist kein Sonnyboy wie Seraphim Uriel, vielmehr ist es seine sorglose Ausstrahlung, die ihn begehrenswert erscheinen lassen. Seraphim Sandalphon ist ein unsteter Seraphim, der unablässig im Raum der unterschiedlichen Dimensionen arbeitet. Ihm obliegt es, Botschaften aus dem hohen kosmischen Rat an Wesen weiterzuleiten.

Botschaft für DICH
Seraphim Sandalphon verleiht dir Flügel, um deinem Leben die Härte zu nehmen. Er lehrt dich, deine Gedanken auf das Positive zu richten.

Leichtigkeit
Seraphim Sandalphons Charakter zeigt, dass bei aller Ernsthaftigkeit eine gewisse Sorglosigkeit angebracht ist. Seine Unbekümmertheit zeugt nicht von Oberflächlichkeit, sondern vielmehr vom tiefen Vertrauen in die Schöpfung und in Gott. Er lebt den göttlichen Aspekt mit Übermut und Ausgelassenheit.

Botschaft für DICH

Seraphim Sandalphon schenkt dir das Vertrauen, dass deine schweren und dunklen Tage vorbei sind. Es ist Zeit, dich aufzurichten und unbekümmert am Leben teilzunehmen.

Sorglosigkeit

Sandalphons Zwilling ist Seraphim Metatron, der stärker den Ernst des Lebens lebt, anstatt die Unbekümmertheit. Seraphim Metatron repräsentiert die Gradlinigkeit, während Seraphim Sandalphon immer Neues ausprobiert und viel Abwechslung in den Alltag bringt. Sowohl Seraphim Metatron als auch Seraphim Sandalphon arbeiten an der vordersten Front. Seraphim Sandalphon fällt durch sein unkompliziertes, vergnügliches und amüsantes Sein auf.

Botschaft für DICH

Seraphim Sandalphon sendet dir die Botschaft, deinen Tag mit Unbekümmertheit zu erleben. Jederzeit kannst du Menschen neu begegnen und das Vergangene vergeben.

Partnerschaft & Freundschaft

Sandalphons unbekümmertes Wesen ist hervorragend geeignet, um mit allen Wesen in intensivem Kontakt zu stehen. Seine Kommunikationsfreude und sein einnehmendes Wesen machen es ihm leicht, Botschaften jeglicher Art zu übermitteln. Es gelingt ihm mühelos, Disharmonie zwischen Seelen zu balancieren und neue Kontakte zu vermitteln. Seine freundliche und unkomplizierte Wesensart erleichtert es ihm, schwierige Aufträge zu erfüllen.

Botschaft für DICH

Achte auf Zeichen von Seraphim Sandalphon. Er hilft dir in allen Fragen und Belangen rund um (Lebens-)Partnerschaften oder Freundschaften.

Freiheit

Seraphim Sandalphon hält es nicht lange an einem Ort aus. Zu stark ist sein Wunsch nach kosmischen Abenteuern. Sein Drang, überall zu erscheinen, macht ihn zu einem gern gesehenen »Gast«. Er kommt, übermittelt die jeweilige Botschaft und zieht weiter. Er ist kein Engel, der sich einem Wesen außer Gott verpflichtet fühlt, und entscheidet allein, was, wie, wo und wann er handelt. Er ist gern in Gesellschaft und hat ein großes sphärisches Team an seiner Seite.

Botschaft für DICH

Lerne, dich von allen Verpflichtungen zu befreien und deine Aufgaben in Freude und Leichtigkeit zu erfüllen. Seraphim Sandalphon unterstützt dich auf deinem Weg in die Freiheit.

Wagnisse

Erwählst du Seraphim Sandalphon als begleitenden Seraphim, wirst du damit konfrontiert, deine Prozesse auch einmal ohne ihn zu bewerkstelligen. Seraphim Sandalphon ist der Meinung, dass es nie schadet, auf sich selbst gestellt zu sein und auch einmal ohne »Fangnetz« Abenteuer zu erleben. Eines ist auf alle Fälle garantiert: Langweilig wird es mit ihm niemals.

Botschaft für DICH

Seraphim Sandalphon lehrt dich, mutig Wagnisse einzugehen und deine Stärke, Kraft und Grenzen auszuloten.

Hinweis: Seraphim Sandalphon hat keine Aufgabe am irdischen oder astralen Körper übernommen.

Meditation: Seraphim Sandalphon

Lege dich bequem auf eine dir angenehme Unterlage. Atme ein und aus, bis sich dein ganzer Körper in harmonischem Einklang mit deinem Atem bewegt. In diesem Augenblick nimmst du wahr, wie deine geistigen Sinne erwachen, und du richtest deinen Blick nach innen. Seraphim Sandalphon ist bei dir, an deiner Seite. Er lächelt dich an, breitet seine Flügel aus und hüllt dich mit seinen wunderschönen Schwingen vollkommen ein. Seine kraftvolle Präsenz überträgt sich auf dich. Seraphim Sandalphon gibt dich frei, und du blickst direkt in seine klaren Augen. Ihr steht euch in geringem Abstand gegenüber. Seraphim Sandalphon hebt seine Hand und berührt deine Handfläche mit seiner. Er schließt die Augen, und du tust es ihm gleich.

Seraphim Sandalphon lenkt deinen inneren Blick auf dein Herzchakra. Du nimmst wahr, wie dein Herz im Einklang mit seinem kraftvollen Herzrhythmus schlägt. Aus deinem Herzzentrum fließt ein Energiestrahl, der vor deinem Brustkorb ein filigranes hochfrequentes Energie-Herz bildet. Anmutig schwebt es vor dir in der Luft. Seraphim Sandalphon kraftvolles Energie-Herz schwebt gleichfalls vor ihm. Zwei bezaubernde Energie-Herzen, die im Einklang pulsieren. Eure Herzen schweben aufeinander zu, berühren sich sanft und beginnen langsam, sich zu vereinen. Sie verweben sich immer mehr, bis zur vollkommenen Verschmelzung. Ihr seid EIN Herz. Du beginnst, die Kraft von Seraphim Sandalphon in dir wahrzunehmen. Seine gigantische Präsenz fließt in jede Zelle deines Bewusstseins. Seine Verwegenheit, seine Abenteuerlust, seine Ausgelassenheit, sein Charme, seine vollkommene Liebe zu dir pulsieren in deiner Seele. Jede Zelle deines Körpers saugt die Energie ein, und du spürst, wie Verwegenheit, Abenteuerlust, Ausgelassenheit, Charme und vollkommene Liebe in dir erwachen. Das vereinte Herz beginnt, sacht nach oben zu gleiten, und schwebt als gigantisches orange schim-

merndes Herz über euch. Das Energie-Herz dehnt sich weiter aus, so weit, dass es sich über euch herabsenken kann. Du stehst im Mittelpunkt von Seraphim Sandalphons Herzzentrum. Fühle seine Macht und Kraft, die dir ab jetzt in allen Bereichen deines Daseins allzeit zur Verfügung stehen.

Das Herz beginnt sanft und achtsam, seine Energie zu verringern, bis es seine Ursprungsgröße erreicht hat und zwischen euch ruht. Vorsichtig trennen sich eure Energien und gleiten geschmeidig in eure Herzchakras zurück. Du bist weiterhin mit Seraphim Sandalphon verbunden. Ein tiefes Gefühl der Freiheit breitet sich von deinem Herzchakra aus in deinem gesamten Körper aus. Seraphim Sandalphon verabschiedet sich von dir. Lasse dir Zeit, genieße deine Gefühle, und nimm dein Umfeld aus einem neuen Blickwinkel wahr.

Seraphim Nathaniel

Name: Nathaniel – »Gott gibt«
Farbe: tiefes Magenta/Lila
Zwilling: Seraphim Bariel
Seelenpartner: Seraphim Muriel
Aufgabe: Kontrolle über die Grenzen zu Sera-
phim Luzifers Reich, Einhaltung der
Grenzen für alle Wesen, Prüfung der
Seelen, die Seraphim Luzifers Reich
verlassen wollen

Allgemeine Botschaft

Seraphim Nathaniel ist ein stiller, ruhiger Engel, der seine Worte pointiert
wählt. Er ist geradlinig und duldet bei Situationen, in denen es nur einen Weg
gibt, keine Diskussion. Er ist besonnen und überaus korrekt. Wird er heraus-
gefordert, kann er zerstörerische Maßnahmen ergreifen. Seraphim Nathaniel

besitzt einen abwartenden Charakter. Er handelt niemals vorschnell und impulsiv, sondern beobachtend und geduldig. Seine präsente Ausstrahlung durchdringt alles im Universum. Er ist absolut direkt in allen Bereichen. Umschreibungen oder geblümte Kommunikation wendet er nicht an. Allerdings ist er auch nicht gerade der kommunikativste Engel. Von allen Engeln ist er der introvertierteste. Seine Devise lautet: »Lass andere sprechen, und sie erkennen durch ihre Worte ihre Stolperfallen.« Seraphim Nathaniel kehrt dein Innerstes nach außen.

Unterstützt bei …

Wankelmütigkeit – stärkt die Entscheidungskraft
Unruhe – schenkt Besonnenheit
Lügen – verhilft zu mehr Gradlinigkeit
Nachgiebigkeit – fördert Standhaftigkeit

Themen von Seraphim Nathaniel

Zurückhaltung

Seraphim Nathaniel steht nicht gern im Vordergrund. Er offenbart sich selten und arbeitet nur mit ausgewählten Wesen zusammen. Er zieht lieber im Hintergrund die Fäden. Seine Zuwendung muss man sich aktiv erbitten. Ihn mit einem Wort zu beschreiben, ist schwer. Am ehesten trifft es vielleicht das Wort »mystisch«. Bei Seraphim Nathaniel ist niemals vorhersehbar, was als Nächstes geschieht. Er ist und bleibt rätselhaft. Dennoch lebt er eine absolute Klarheit, die an die Seraphim Michaels heranreicht.

Botschaft für DICH
Du musst nicht alle deine Absichten offenlegen. Manchmal ist es vorteilhafter, seine Visionen im Hintergrund aufzubauen. Hierdurch werden unliebsame Ablenkungen vermieden.

Unmittelbarkeit

Nathaniels Zwilling ist Seraphim Bariel. Im Gegensatz zu Seraphim Nathaniel ist jeder Gedanke, jede Absicht in Seraphim Bariels Gesicht ablesbar. Während Seraphim Nathaniel genau an der Grenze zu Seraphim Luzifers Reich steht, wendet sich Seraphim Bariel eigenen Projekten zu, die der Erde nicht unähnlich sind. Seraphim Bariel hält sich von Seraphim Luzifers Reich fern. Während er die Vorzüge des Universums genießt, beispielsweise viel Spaß zu erleben, entgeht Seraphim Nathaniel dieser Umstand komplett.

Botschaft für DICH

Seraphim Nathaniel unterstützt dich, deine Visionen ohne Umwege zu materialisieren. Bei ihm gestaltet sich die Route direkt und unabwendbar.

Unabhängigkeit

Seraphim Nathaniels Charaktereigenschaften sind allesamt tiefgründig. Lebt er Freude, so ist die Freude eine stille innere Angelegenheit. Seraphim Nathaniel neigt nicht dazu, seinen Gefühlen freien Lauf zu lassen. Er ist der schweigsame Genießer. Was keinesfalls bedeutet, dass er gefühlskalt wäre oder keine Gefühle empfindet. Seraphim Nathaniel liebt Gesellschaft, beteiligt sich jedoch innerhalb der Gemeinschaft nicht an allen Aktivitäten.

Botschaft für DICH

Seraphim Nathaniel bittet dich, auf deine Intuition zu hören und dem Gruppenzwang zu entsagen. Gib dir die Erlaubnis, NEIN zu sagen.

Klarheit und Vertrauen

Ist Seraphim Nathaniel dein begleitender Seraphim, erfährst du, was es heißt, in dir zu ruhen. Seraphim Nathaniel wendet deinen Blick nach innen. Er besitzt die Fähigkeit, einem Wesen mit unermesslicher Geduld zuzuhören.

Botschaft für DICH
Du erhältst die Fähigkeit, dich mit wenigen Worten klar auszudrücken. Gleichzeitig offenbart sich dir der Weg, deine Seele zu öffnen und dich einem Wesen anzuvertrauen.

Grenzen aufzeigen
Seraphim Nathaniels Aufgabe ist die Überwachung von Seraphim Luzifers Sphäre. Er umschließt mit seiner Energie die komplette Sphäre und erlaubt keinem Wesen aus Seraphim Luzifers Reich, in die lichtvollen Seelensphären einzudringen. Ein Eindringen Seraphim Luzifers in den freien universalen Raum und in Projekte kann er dagegen nicht unterbinden. Will ein Wesen die Sphäre von Seraphim Luzifer verlassen, wird er durch Seraphim Nathaniel auf seine Absichten geprüft.

Botschaft für DICH
Zeige klar deine Grenzen auf.

Spontaneität
Seraphim Nathaniel ist ein stiller Engel, dennoch trägt er das Feuer der Ekstase in sich. Er kann durchaus Feuer und Flamme für ein Projekt sein. Seine Hingabe offenbart sich hier in seinen Handlungen. Er ist ein guter Beobachter, daher entgeht ihm nichts.

Botschaft für DICH
Seraphim Nathaniel stellt dir Kraft und Mut für spontane Handlungen zur Verfügung.

Hinweis: Für den menschlichen oder ätherischen Körper hat Seraphim Nathaniel keine Aufgabe.

Meditation: Seraphim Nathaniel

Lege dich bequem auf eine dir angenehme Unterlage. Atme ein und aus, bis sich dein ganzer Körper in harmonischem Einklang mit deinem Atem bewegt. In diesem Augenblick nimmst du wahr, wie deine geistigen Sinne erwachen, und du richtest deinen Blick nach innen. Seraphim Nathaniel ist bei dir, an deiner Seite. Er lächelt dich an, breitet seine Flügel aus und hüllt dich mit seinen wunderschönen Schwingen vollkommen ein. Seine kraftvolle Präsenz überträgt sich auf dich. Seraphim Nathaniel gibt dich frei, und du blickst direkt in seine klaren Augen. Ihr steht euch in geringem Abstand gegenüber. Seraphim Nathaniel hebt seine Hand und berührt deine Handfläche mit seiner. Er schließt die Augen, und du tust es ihm gleich.

Seraphim Nathaniel lenkt deinen inneren Blick auf dein Herzchakra. Du nimmst wahr, wie dein Herz im Einklang mit seinem kraftvollen Herzrhythmus schlägt. Aus deinem Herzzentrum fließt ein Energiestrahl, der vor deinem Brustkorb ein filigranes hochfrequentes Energie-Herz bildet. Anmutig schwebt es vor dir in der Luft. Seraphim Nathaniel kraftvolles Energie-Herz schwebt gleichfalls vor ihm. Zwei bezaubernde Energie-Herzen, die im Einklang pulsieren. Eure Herzen schweben aufeinander zu, berühren sich sanft und beginnen langsam, sich zu vereinen. Sie verweben sich immer mehr, bis zur vollkommenen Verschmelzung. Ihr seid EIN Herz. Du beginnst, die Kraft von Seraphim Nathaniel in dir wahrzunehmen. Seine gigantische Präsenz fließt in jede Zelle deines Bewusstseins. Sein Ruhe, seine Besonnenheit, seine Erhabenheit, sein Urteilsvermögen, seine vollkommene Liebe zu dir pulsieren in deiner Seele. Jede Zelle deines Körpers saugt die Energie ein, und du spürst, wie Ruhe, Besonnenheit, Erhabenheit, Urteilsvermögen und vollkommene Liebe in dir erwachen. Das vereinte Herz beginnt, sacht nach oben zu gleiten, und schwebt als gigantisches magenta/lila schimmerndes Herz über euch.

Das Energie-Herz dehnt sich weiter aus, so weit, dass es sich über euch herabsenken kann. Du stehst im Mittelpunkt von Seraphim Nathaniels Herzzentrum.

Fühle seine Macht und Kraft, die dir ab jetzt in allen Bereichen deines Daseins allzeit zur Verfügung stehen.

Das Herz beginnt sanft und achtsam, seine Energie zu verringern, bis es seine Ursprungsgröße erreicht hat und zwischen euch ruht. Vorsichtig trennen sich eure Energien und gleiten geschmeidig in eure Herzchakras zurück. Du bist weiterhin mit Seraphim Nathaniel verbunden. Ein tiefes Gefühl der Freiheit breitet sich von deinem Herzchakra aus in deinem gesamten Körper aus.

Seraphim Nathaniel verabschiedet sich von dir. Lasse dir Zeit, genieße deine Gefühle, und nimm dein Umfeld aus einem neuen Blickwinkel wahr.

Seraphim Haniel

Name:	Haniel – »Gott ist Wahrheit«
Farbe:	helles Lila und helles Blau
Zwilling:	Seraphim Ariel
Seelenpartner:	Seraphim Metatron
Aufgabe:	Begleitung von Wesen in die zwölfte Dimension, weibliche Attribute in Sanftheit und Eleganz leben

Energie & Charakter

Seraphim Haniel ist der weichste und weiblichste Engel im Universum. Sie ist umhüllend und wärmend. Sie ist gütig und fördert bei allen Wesen die göttliche Intuition. Sie lehrt den respektvollen Umgang mit der gesamten göttlichen Schöpfung. Seraphim Haniel ist der Engel, der die Sanftmut in vollendetem Maße lebt. Sie strahlt eine berührende Güte aus. Ihre Hingabe an die gesamte Schöpfung ist geprägt von lieblicher Milde. Sie schenkt dir tiefen Frieden und berührt den innersten Raum jeder Seele.

Gram – schenkt Güte
Härte – verleiht Mitgefühl
Grobheit – verleiht Zartheit
Ungeduld – fördert Geduld
Einsamkeit – hilft, gesehen zu werden

Themen von Seraphim Haniel

Gnade

Seraphim Haniel ist göttliche Barmherzigkeit und Milde. Kein anderer Engel ist dergestalt friedvoll. Nichts an ihr erinnert auch nur ansatzweise an Autorität oder Macht. Ihre beeindruckende Seele strahlt in allem Güte, Milde, Sanftmut und absolute Schönheit aus. Sie mit einem Wort zu beschreiben, wird ihr nicht gerecht, doch am treffendsten ist das Wort »Gnade«. Seraphim Haniel ist der tief greifende Aspekt der Göttlichkeit, der aufzeigt, dass alles im Universum Liebe ist, auch wenn nicht alle Handlungen liebevoll sind. Sie hat noch nie eine kämpferische Handlung vollzogen.

Botschaft für DICH
Seraphim Haniel schenkt dir absolute Güte. Sie umhüllt dich und befreit dich von kriegerischen Gedanken oder Gefühlen. Sie gibt dir Kraft, deine Stärke in Mitgefühl und Geduld zu leben.

Barmherzigkeit

Haniels Zwilling ist Seraphim Ariel. Ariel ist der Amazonen-Engel und lebt infolgedessen eine intensive Kriegerenergie. Ist Seraphim Ariel wild und unberechenbar, so lebt Seraphim Haniel ein harmonisches beschauliches Dasein. Ariel gestaltet all ihre Handlungen aktiv, während Seraphim Haniel verhalten reagiert. Haniel betrachtet die Wesen mit mildem Mitgefühl, während diese ihr Bewusstsein entfalten. Seraphim Ariel beteiligt sich an fast allen Projekten im Universum. Seraphim Haniel hingegen wartet, bis sie gebeten wird, einen Auftrag anzunehmen.

Botschaft für DICH
Seraphim Haniel unterstützt dich dabei, alle einengenden Verpflichtungen zu überwinden. Sie hilft dir, deine Mitmenschen mit Barmherzigkeit zu betrachten und Rachegedanken in Güte zu wandeln.

Güte
Seraphim Haniels Charakter ist durchweg sanft und friedvoll. Niemals würde sie einem Wesen Konsequenzen aufzeigen, wie es beispielsweise Seraphim Michael oder Seraphim Metatron tun. Sie ist die Geduld und das Verständnis, die Ruhe und die Güte, die wir uns so sehr in dieser aggressiven, hektischen Zeit wünschen.

Botschaft für DICH
Begegne allen negativen Situationen mit emotionalem Abstand. Seraphim Haniel hilft dir über Gefühle wie Wut und Hass hinweg. Erkenne, dass dich Gnade und Güte nähren, Kampf und Neid jedoch verzehren.

Göttliche Hingabe
Seraphim Haniel ist die Wächterin der göttlichen Hingabe. Jede einzelne Seele darf diesen Aspekt in ihrer Bewusstwerdung erfahren. Ohne absolute Hingabe kann die Seele nicht in die zwölfte Dimension aufsteigen. Jedes Wesen muss lernen, jeglicher Absicht zu entsagen und sich dem rein göttlichen Willen hinzugeben.

Botschaft für DICH
Seraphim Haniel steht dir bei, deinen göttlichen Aspekt geduldig und friedvoll zu entfalten.

Geduld

Ist Seraphim Haniel dein begleitender Seraphim, so beschreitet sie mit dir einen sanften und friedvollen Weg. Der Weg ist von Umwegen geprägt, die dich lehren, dass Geduld schneller ans Ziel führt. Seraphim Haniel wird dich nicht offen lehren, sondern dir still vorleben, was deine Bestimmung ist. Nämlich: dein Leben auf einen allumfassenden Frieden auszurichten.

Botschaft für DICH

Seraphim Haniel übermittelt dir die Botschaft: »Ganz gleich, was in deinem Umfeld geschieht, bleibe du in deiner Mitte.«

Hinweis: Seraphim Haniel hat keine Aufgabe für den menschlichen Körper.

Meditation: Seraphim Haniel

Lege dich bequem auf eine dir angenehme Unterlage. Atme ein und aus, bis sich dein ganzer Körper in harmonischem Einklang mit deinem Atem bewegt. In diesem Augenblick nimmst du wahr, wie deine geistigen Sinne erwachen, und du richtest deinen Blick nach innen. In diesem Augenblick ist Seraphim Haniel bei dir, an deiner Seite. Sie lächelt dich an, breitet ihre Flügel aus und hüllt dich mit ihren wunderschönen Schwingen vollkommen ein. Ihre kraftvolle Präsenz überträgt sich auf dich. Seraphim Haniel gibt dich frei, und du blickst direkt in ihre klaren Augen. Ihr steht euch in geringem Abstand gegenüber. Seraphim Haniel hebt ihre Hand und berührt deine Handfläche mit ihrer. Sie schließt die Augen, und du tust es ihr gleich.

Seraphim Haniel lenkt deinen inneren Blick auf dein Herzchakra. Du nimmst wahr, wie dein Herz im Einklang mit ihrem kraftvollen Herzrhythmus schlägt. Aus deinem Herzzentrum fließt ein Energiestrahl, der vor deinem Brustkorb ein filigranes hochfrequentes Energie-Herz bildet. Anmutig schwebt es vor dir in der Luft. Seraphim Haniels kraftvolles Energie-Herz schwebt gleichfalls vor ihr. Zwei bezaubernde Energie-Herzen, die im Einklang pulsieren. Eure Herzen schweben aufeinander zu, berühren sich sanft und zart und beginnen langsam, sich zu vereinen. Sie verweben sich immer mehr, bis zur vollkommenen Verschmelzung. Ihr seid EIN Herz. Du beginnst, die Kraft von Seraphim Haniel in dir wahrzunehmen. Ihre gigantische Präsenz fließt in jede Zelle deines Bewusstseins. Ihre Sanftmut, ihre Lieblichkeit, ihre Zufriedenheit, ihre Güte, ihre vollkommene Liebe zu dir pulsieren in deiner Seele. Jede Zelle deines Körpers saugt die Energie ein, und du spürst, wie Sanftmut, Lieblichkeit, Zufriedenheit, Güte und vollkommene Liebe in dir erwachen. Das vereinte Herz beginnt, sacht nach oben zu gleiten, und schwebt als gigantisches violett/ blau schimmerndes Herz über euch. Das Energie-Herz dehnt

*sich weiter aus, so weit, dass es sich
über euch herabsenken kann. Du
stehst im Mittelpunkt von Seraphim Haniels Herzzentrum. Fühle ihre Macht und Kraft, die dir
ab jetzt in allen Bereichen deines
Daseins allzeit zur Verfügung stehen.
Das Herz beginnt sanft und achtsam,
seine Energie zu verringern, bis es seine Ursprungsgröße erreicht hat und zwischen euch ruht.
Vorsichtig trennen sich eure Energien und gleiten geschmeidig in
eure Herzchakras zurück. Du bist weiterhin mit Seraphim Haniel
verbunden. Ein tiefes Gefühl der Freiheit breitet sich von deinem
Herzchakra aus in deinem gesamten Körper aus.
Seraphim Haniel verabschiedet sich von dir. Lasse dir Zeit, genieße
deine Gefühle, und nimm dein Umfeld aus einem neuen Blickwinkel
wahr.*

Seraphim Ariel

Name:	Ariel – »Die Löwin Gottes«
Farbe:	helles Rot
Zwilling:	Seraphim Haniel
Seelenpartner:	Seraphim Metatron
Aufgabe:	Manifestationskraft, Aktivität, Selbstkontrolle, weibliche Führungs-rolle, göttliche Reinheit

Energie & Charakter

Seraphim Ariel ist der unbezähmbare Engel. Mit ihrer Wildheit, ihrem Frei-heitssinn und ihrem logischen Denken hilft sie dir, deine Hürden zu überwin-den. Sie lehrt dich, eine wahre Amazone zu sein, denn sie ist der Amazonen-Engel unter den Seraphim. Sie lebt ihre wilde und ungestüme Seite auf allen Ebenen. Niemals nimmt sie einen Auftrag entgegen. Sie allein entscheidet, was sie im Universum geschehen lässt. Entscheidet sie sich, an einem Pro-jekt teilzuhaben oder eine Aufgabe zu übernehmen, gibt sie sich vollkommen hin. Sie gibt Mut und Kraft, unbeirrt Aufgaben zu erfüllen. Seraphim Ariel schenkt dir Kraft, dein Leben wie ein Feuerwerk zu erleuchten.

Unterstützt bei …
Unbeweglichkeit – fördert Bewegung
Starrheit – fördert weibliche Kreativität
Neidgedanken – verleiht Reinheit
Befangenheit – stärkt die Risikobereitschaft
Scham – stärkt die Lust

Themen von Seraphim Ariel

Abenteuerlust
Seraphim Ariel ist wohl der wildeste Engel unter den Seraphim, sie ist eine absolute Amazone. Sie lebt temperamentvoll ihre Freiheit, sodass keine Seele es auch nur ansatzweise wagt, Seraphim Ariel Aufträge zu erteilen. Ebenso wie Uriel besitzt sie ein feuriges Seelenleben. Für Seraphim Ariel ein Wort zu finden, das sie beschreibt, ist leicht. Ihre Dynamik ist von »Heißblütigkeit« geprägt. Ihr Heißhunger auf lustvolles Leben erfüllt das gesamte Universum.

Botschaft für DICH
Seraphim Ariel schenkt dir die Lust, dein Leben mit Abenteuern zu gestalten. Ängste vor dem Versagen oder davor, Fehler zu machen, werden sich in Wohlgefallen auflösen. Du hast das Recht, eigene Wagnisse einzugehen.

Freiheit
Ariels Zwilling und ihr vollständiges Gegenstück ist Seraphim Haniel. Weich, behutsam und flaumig ist Seraphim Haniel. Ungestüm, laut, entflammt Seraphim Ariel – und das in allen Beziehungen. Ist Seraphim Haniel die ruhige, mischt sich Seraphim Ariel in alle Begebenheiten des Universums ein. Ob ein Wesen ihre Meinung hierzu wissen möchte oder nicht, Seraphim Ariel

verkündet sie. Sie lässt geschehen, was ihr in den Sinn kommt. Ganz im Gegensatz zu Seraphim Haniel, die eine Aufgabe erst auf Anfrage übernimmt.

Botschaft für DICH
Seraphim Ariel unterstützt dich dabei, alle Ängste fallen zu lassen, sodass du dein Leben in Freiheit leben kannst.

Intuition & innere Weisheit
Seraphim Ariels Charakter ist berauschend und von einer Dynamik erfüllt, die es nicht zulässt, auch nur eine Minute zu ruhen. Sie lebt und handelt schnell und verliert keine Zeit mit zu vielen Gedanken über ihre Ausstrahlung. Sie lässt ihre Handlungen intuitiv geschehen und rechtfertigt sich niemals.

Botschaft für DICH
Handle nach deinem Gefühl, und folge deiner inneren Weisheit. Achte nur auf dich und deine Wahrnehmung. Rechtfertige dich nicht für dein Leben. Seraphim Ariel stellt dir hierzu ihren Mut zur Verfügung.

Wahrheit
Seraphim Ariel arbeitet daran, dass alle Wesen im Universum die Illusion erkennen und durchschauen. Zusammen mit Seraphim Uriel zeigt sie, dass die Wahrheit in jeder Seele liegt. Dabei besitzt jede Seele ihre eigene Wahrheit, und keine Wahrheit ist zu hundert Prozent gleich. Du bist einzigartig, und nur du kannst deine Wahrheit erkennen.

Botschaft für DICH
Seraphim Ariel begleitet dich zu deiner inneren Wahrheit. Sie lehrt dich, deine Wahrheit in Gänze zu erfassen und sie konsequent in deinem Bewusstsein aufrechtzuerhalten.

Furchtlosigkeit

Ist Ariel dein begleitender Seraphim, so wird dein Weg einige Höhen und Tiefen beinhalten. Dein Weg wird abwechselnd gradlinig und steil verlaufen. Seraphim Ariel zeigt dir alle Unzulänglichkeiten deiner Gedankenwelt auf. Sie begleitet dich unaufhaltsam zu deinen abgründigsten Traumbildern. Sie lehrt dich, dass Wahrheit schneller zum Ziel führt als Illusion.

Botschaft für DICH

Seraphim Ariel übermittelt dir die Botschaft: »Begegne allen Abgründen in dir furchtlos und ohne Scham. Gott bewertet nicht und die Engel ebenso wenig.«

Hinweis: Seraphim Ariel hat keine Aufgabe für den menschlichen Körper.

Meditation: Seraphim Ariel

Lege dich bequem auf eine dir angenehme Unterlage. Atme ein und aus, bis sich dein ganzer Körper in harmonischem Einklang mit deinem Atem bewegt. In diesem Augenblick nimmst du wahr, wie deine geistigen Sinne erwachen, und du richtest deinen Blick nach innen. Seraphim Ariel ist bei dir, an deiner Seite. Sie lächelt dich an, breitet ihre Flügel aus und hüllt dich mit ihren wunderschönen Schwingen vollkommen ein. Ihre kraftvolle Präsenz überträgt sich auf dich. Seraphim Ariel gibt dich frei, und du blickst direkt in ihre klaren Augen. Ihr steht euch in geringem Abstand gegenüber. Seraphim Ariel hebt ihre Hand und berührt deine Handfläche mit ihrer. Sie schließt die Augen, und du tust es ihr gleich.

Seraphim Ariel lenkt deinen inneren Blick auf dein Herzchakra. Du nimmst wahr, wie dein Herz im Einklang mit ihrem kraftvollen Herzrhythmus schlägt. Aus deinem Herzzentrum fließt ein Energiestrahl, der vor deinem Brustkorb ein filigranes hochfrequentes Energie-Herz bildet. Anmutig schwebt es vor dir in der Luft. Seraphim Ariels kraftvolles Energie-Herz schwebt gleichfalls vor ihr. Zwei bezaubernde Energie-Herzen, die im Einklang pulsieren. Eure Herzen schweben aufeinander zu, berühren sich sanft und zart und beginnen langsam, sich zu vereinen. Sie verweben sich immer mehr, bis zur vollkommenen Verschmelzung. Ihr seid EIN Herz. Du beginnst, die Kraft von Seraphim Ariel in dir wahrzunehmen. Ihre gigantische Präsenz fließt in jede Zelle deines Bewusstseins. Ihre Lebenskraft, ihre überschäumende Freude, ihre Wildheit, ihre Freiheit, ihre vollkommene Liebe zu dir pulsieren in deiner Seele. Jede Zelle deines Körpers saugt die Energie ein, und du spürst, wie Lebendigkeit, überschäumende Freude, Wildheit, Freiheit und vollkommene Liebe in dir erwachen. Das vereinte Herz beginnt, sacht nach oben zu gleiten, und schwebt als gigantisches flammendes rot schimmerndes Herz über euch. Das Energie-Herz dehnt sich weiter aus, so weit, dass es sich über euch herabsenken kann. Du stehst im Mittelpunkt von Seraphim Ariels Herzzentrum. Fühle ihre Macht und Kraft, die dir ab jetzt in allen Bereichen deines Daseins allzeit zur Verfügung stehen.

Das Herz beginnt sanft und achtsam, seine Energie zu verringern, bis es seine Ursprungsgröße erreicht hat und zwischen euch ruht. Vorsichtig trennen sich eure Energien und gleiten geschmeidig in eure Herzchakras zurück. Du bist weiterhin mit Seraphim Ariel verbunden. Ein tiefes Gefühl der Freiheit breitet sich von deinem Herzchakra aus in deinem gesamten Körper aus. Seraphim Ariel verabschiedet sich von dir. Lasse dir Zeit, genieße deine Gefühle, und nimm dein Umfeld aus einem neuen Blickwinkel wahr.

Seraphim Muriel

Name:	Muriel – »Lehrer« oder »Herrschaft Gottes«
Farbe:	helle Bronze mit Blau
Zwilling:	Seraphim Gadriel
Seelenpartner:	Seraphim Nathaniel
Aufgabe:	kosmische Lehren, Erwecken der Liebesfähigkeit

Energie & Charakter

Seraphim Muriel ist ein agierender und gleichzeitig gemütlicher Engel. Sie dient mit ihrer ermutigenden Weise allen Menschen dazu, die Liebe zu fühlen und anschließend vertrauensvoll zu leben. Seraphim Muriel ist der Engel der Freundschaft. Sie verlässt niemals eine Seele. Sie strahlt eine unbeschreibliche Freundlichkeit aus, in der sich jede Seele augenblicklich wohlfühlt. Seraphim Muriel schenkt dir uneingeschränkte Freundschaft und berührt mit ihrem Großmut dein Innerstes.

Unterstützt bei …

Verschlossenheit – hilft, aufzuwachen
Angstzuständen – verleiht Furchtlosigkeit
Feindseligkeit – unterstützt Freundschaft
Lieblosigkeit – verleiht Herzwärme

Themen von Seraphim Muriel

Freundlichkeit

Seraphim Muriel ist eine göttliche Freundin. Kein anderer Engel schenkt dir Freundschaft in diesem Ausmaß. Ihre Vertrauen erweckende Art erinnert an einen Superstar, der bodenständig ist und dennoch das Leben in vollen Zügen genießt. Sie ist eine Freundin, die immer an deiner Seite steht und dir ehrlich ihre Meinung mitteilt. Sie mit einem Wort zu beschreiben, ist ein Kinderspiel. Sie ist DEINE »Freundin« in allen Lebenslagen. Ganz gleich, welchem Geschlecht du auf der Erde angehörst, sie dient allen Menschen gleichermaßen. Seraphim Muriel ist der göttliche Aspekt, der offenbart, dass jede Seele ein Gegenüber braucht, dem sie sich uneingeschränkt anvertrauen kann.

Botschaft für DICH

Seraphim Muriel schenkt dir Freundlichkeit. Sie hüllt dich mit ihrer Energie der Freundschaft vollkommen ein. Sie gibt dir Mut, Freundschaften aufzubauen.

Freundschaft

Muriels Zwilling ist Seraphim Gadriel, mit dem sie ein gemütliches Miteinander lebt. Beide sind dem Humor zugeneigt und immer zu Späßen aufgelegte Seraphim, die in allen Lebenslagen gelassen bleiben. Seraphim Muriel begegnet allen Wesen mit freundschaftlichem Gemüt und Liebenswürdigkeit, ganz gleich, wie die Seele handelt, Seraphim Muriel ist und bleibt standhaft in ihrer Zuneigung. Gadriel ist wesentlich distanzierter, falls er mal die Engel-Sphäre verlässt, was selten vorkommt. Besonders zu Nicht-Engeln hält er Abstand.

Nicht weil er sie nicht lieben würde, sondern weil er seine Aufgaben in der Engel-Sphäre sieht. Ganz im Gegensatz zu seinem Zwilling Muriel, sie ist beständig im Universum aktiv.

Botschaft für DICH
Seraphim Muriel unterstützt dich in schwierigen Situationen dabei, Freundschaft zu deinen Mitmenschen aufrechtzuerhalten. Sie gibt dir die Kraft, die Liebe in jeder Seele zu erkennen.

Gleichwertigkeit
Seraphim Muriels Charakter ist loyal, feinsinnig und offen für die gesamte Schöpfung. Entschließt sie sich, eine Aufgabe zu erfüllen, ist sie mit all ihrer Liebe und Gutmütigkeit bis zum Schluss anwesend. Sie denkt immer an die Gesamtheit unseres Universums und dient allen Wesen in allen Dimensionen.

Botschaft für DICH
Betrachte alles auf der Erde als gleichwertig. Seraphim Muriel hilft dir, nichts und niemanden zu bewerten. Betrachte alles als gleichberechtigt, und erfahre die Freiheit, die darin liegt.

Innerer Frieden
Seraphim Muriel ist der Engel, der Frieden in unserem Kosmos aktiv fördert. Damit Frieden gelebt werden kann, muss jede Seele ihren Frieden in sich finden. Ohne inneren Frieden und Akzeptanz seiner Selbst ist es nicht möglich, Frieden auf der Erde oder im Universum in der Vollkommenheit zu erfahren. Jede Seele ist ein Aspekt der Göttlichkeit. Jeder hat die Berechtigung, so zu sein, wie ihn Gott erschaffen hat.

Botschaft für DICH

Seraphim Muriel offenbart dir, dass keine äußeren Umstände dich davon abhalten können, Frieden in dir zu finden.

Erfülltes Leben

Ist Seraphim Muriel dein begleitender Seraphim, wirst du auf der Erde vielen kriegerischen Energien gegenübertreten dürfen. Sie stellt dir tief greifende Situationen zur Verfügung, in denen du lernen darfst, die Illusion aller negativen Gefühle in dir zu erkennen. Sie fördert dein Wachstum, durch das du dich selbst als göttliches Wesen erfährst.

Botschaft für DICH

Seraphim Muriel übermittelt dir die Botschaft: »Ganz gleich, was du im Außen erfährst, innerer Frieden und Freundlichkeit sind der Schlüssel zu einem reich erfüllten Leben.«

Hinweis: Seraphim Muriel hat keine Aufgabe für den menschlichen Körper.

Meditation: Seraphim Muriel

Lege dich bequem auf eine dir angenehme Unterlage. Atme ein und aus, bis sich dein ganzer Körper in harmonischem Einklang mit deinem Atem bewegt. In diesem Augenblick nimmst du wahr, wie deine geistigen Sinne erwachen, und du richtest deinen Blick nach innen. Seraphim Muriel ist bei dir, an deiner Seite. Sie lächelt dich an, breitet ihre Flügel aus und hüllt dich mit ihren wunderschönen Schwingen vollkommen ein. Ihre kraftvolle Präsenz überträgt sich auf dich. Seraphim Muriel gibt dich frei, und du blickst direkt in ihre klaren Augen. Ihr steht euch in geringem Abstand gegenüber. Seraphim Muriel hebt ihre Hand und berührt deine Handfläche mit ihrer. Sie schließt die Augen, und du tust es ihr gleich.

Seraphim Muriel lenkt deinen inneren Blick auf dein Herzchakra. Du nimmst wahr, wie dein Herz im Einklang mit ihrem kraftvollen Herzrhythmus schlägt. Aus deinem Herzzentrum fließt ein Energiestrahl, der vor deinem Brustkorb ein filigranes hochfrequentes Energie-Herz bildet. Anmutig schwebt es vor dir in der Luft. Seraphim Muriels kraftvolles Energie-Herz schwebt gleichfalls vor ihr. Zwei bezaubernde Energie-Herzen, die im Einklang pulsieren. Eure Herzen schweben aufeinander zu, berühren sich sanft und beginnen langsam, sich zu vereinen. Sie verweben sich immer mehr, bis zur vollkommenen Verschmelzung. Ihr seid EIN Herz. Du beginnst, die Kraft von Seraphim Muriel in dir wahrzunehmen. Ihre gigantische Präsenz fließt in jede Zelle deines Bewusstseins. Ihr Freundlichkeit, ihre Loyalität, ihr innerer Frieden, ihre Zuneigung, ihre vollkommene Liebe zu dir pulsieren in deiner Seele. Jede Zelle deines Körpers saugt die Energie ein, und du spürst, wie Freundlichkeit, Loyalität, Frieden, Zuneigung und vollkommene Liebe in dir erwachen. Das vereinte Herz beginnt, sacht nach oben zu gleiten, und schwebt als gigantisches bronze/blau schimmerndes Herz über euch. Das Energie-Herz dehnt sich weiter aus, so weit, dass es sich über euch herabsenken kann. Du stehst im Mittelpunkt von Seraphim Muriels Herzzentrum. Fühle ihre Macht und Kraft, die dir ab jetzt in allen Bereichen deines Daseins allzeit zur Verfügung stehen.

Das Herz beginnt sanft und achtsam, seine Energie zu verringern, bis es seine Ursprungsgröße erreicht hat und zwischen euch ruht. Vorsichtig trennen sich eure Energien und gleiten geschmeidig in eure Herzchakras zurück. Du bist weiterhin mit Seraphim Muriel verbunden. Ein tiefes Gefühl der Freiheit breitet sich von deinem Herzchakra aus in deinem gesamten Körper aus. Seraphim Muriel verabschiedet sich von dir. Lasse dir Zeit, genieße deine Gefühle, und nimm dein Umfeld aus einem neuen Blickwinkel wahr.

Schlusswort

Mein Weg mit den Engeln, Avataren und vor allen Dingen den wundervollen Seelensphären bereichert meinen Alltag in vielfältiger Art. Meine eigene Essenz zu spüren und sie auf der Erde zu leben, ist tief befriedigend. Doch das ist nur die eine Seite der Medaille. Die andere Seite ist, der Schönheit und Weisheit in jedem Menschen, jedem Tier, jeder Pflanze, einfach in allem, zu begegnen. Zu verstehen, dass wir alle aus einer Seelensphäre kommen, dass wir alle unterschiedlich sind und dennoch gleichwertig, erleichtert das Leben auf der Erde ungemein. Du musst dich nicht ändern. Sei du selbst.

Jede Seelensphäre besitzt ihren ureigenen Charakter, und sie gibt dir diesen Charakter mit. Denn DU BIST die Seelensphäre, aus der du hervorgehst. Wenn du, so wie ich, anfängst, alle Energien für dich zu nutzen, und die Angst vor dem Anderssein verlierst, bist du bereit, das Abenteuer »Erde« zu erfahren. Seitdem ich weiß, dass ich aus der Engel-Sphäre komme, betrachte ich mein kleines Helfersyndrom mit mehr Humor. Als inkarnierter Engel werde ich immer meine Sehnsucht und mein Helfersyndrom leben, es gehört einfach zum Engeldasein. Genauso wie ich die »Besserwisserei« der Lemurianer mittlerweile lustig finde oder die Dramen der Elben aus der Regenbogen-Sphäre. Ich kann besser die Wildheit der Elfen annehmen oder die ausufernde Kommunikation der Plejader. Die gesamte Schöpfung besitzt eine unendliche Artenvielfalt, und es ist für mich ein Wunder und ein unermessliches Geschenk, dass wir sie alle gemeinsam erleben dürfen.

Dieses Buch eröffnet auch dir die Welt der Seelensphären, Engel und Avatare. Öffne dich für das Geschenk der Vielfalt, und genieße das Abenteuer, Mensch zu sein.

Kleine Ergänzung zur Begrifflichkeit

Es besteht die Möglichkeit, dass dir einige Begriffe nicht geläufig sind.

Kwajojin: Kwajojin sind die zweitgrößte Wesensgruppe der plejadischen Sphäre. Auf der Erde kennen wir sie als Bakterien. Sie leben eine überaus friedliche, hingebungsvolle Energie im Universum.

Gomyth: Die Wesenheit Gomyth ist EINE Wesenheit. Sie füllt die Orion-Sphäre gleichmäßig in allen Dimensionen und Ebenen aus. Gomyth ist ein fließendes Wesen, das jeden Ausdruck annehmen kann. Es schimmert perlmuttfarben. Tönen Orianer, setzt Gomyth diese Energie in Ausdruck und Form um. Gomyth ist ein weiches, kindliches Wesen.

Sphärischer Oberton: Er wird von den Orianern zur Manifestation der göttlichen Energie angewandt. Sie formen damit das Universum mit all seinen Ausdrucksarten.

Ponom: Ponom ist ein Wesen, das die Formen von Tieren wählt. Sie formieren sich unterschiedlich. Ihre Ausdrucksweise ist sensibel auf das Erscheinungsbild ihres Narays abgestimmt. Je nach Charakter des Narays fand der Ponom seinen Weg zu seinem eigenen Erscheinungsbild. Ponom sind hingebungsvolle Wesen, die unter der universalen Situation leiden. Ihre weiche und zärtliche Ausstrahlung berührt alle Wesen in der Liebe. Alle Ponom sind die Zwillinge der Drachenwesen, die sich gleichermaßen mit ihren Lichtwesen verbinden. Im Gegensatz zu den Drachen sind Ponom anhängliche und behutsame Wesen. Sie beschützen auf ihre ureigene Weise die Narays und begleiten sie gütig zu ihrer Erleuchtung. Sie geben sich allem hin und widersprechen niemals. Sie geben wenig Instruktionen oder Empfehlungen.

Tolam, Shymi, Luspha, Wohambi: Sie sind Seelengruppen aus der Ansara-Seelensphäre, die bereits in die neunte Dimension aufgestiegen sind und keine Materie mehr um sich tragen. Sie beeinflussen mit ihrer friedlichen Energie den irdischen Aufstiegsprozess.

Danke

Nun kommen wir zum für mich schönsten Teil. Es ist einfach wundervoll, DANKE zu sagen.

Natürlich sind viele Menschen an einem Projekt beteiligt, und nicht alle kann ich namentlich erwähnen, aber ich versuche es:

Zuerst danke ich den Seelensphären, Avataren und Seraphim-Engeln im Allgemeinen. Sie zu spüren, ist grandios und manchmal etwas anstrengend. Das muss auch einmal erwähnt werden.

Ich danke meinen zwei sphärischen Begleitern Seraphim Michael und Seraphim Uriel. Sie nerven zwar, dennoch kann ich nicht bestreiten, dass ich unglaublich erleichtert bin, sie an meiner Seite zu wissen.

Celestina Bräutigam und Grace Glowalla: Danke für eure Liebe. Auf der Erde ist es ein großes Geschenk, solche Loyalität und Hingabe erleben zu dürfen.

Einen großen Dank sende ich an Heidi und Markus Schirner. ENDLICH darf ich bei euch Autorin sein.

Kerstin Noack, meiner Lektorin: DANKE.

Und Angela Niels für die wundervollen Bilder.

Meiner Familie: Ich bin froh, dass ihr bei mir seid. Ohne euch wäre mein Leben wirklich langweilig. Ich hätte nichts zu waschen, zu bügeln, zu putzen, zu kochen, zu organisieren, und nichts, was ich so tief und unendlich auf der Erde lieben könnte.

Ich liebe euch alle.

über die Autorin

Chamuel Schauffert bietet Seminare, Workshops, Channelings und Vorträge in Deutschland, Österreich und der Schweiz an – mit dem Ziel, spirituelles Bewusstsein zur Entfaltung zu bringen. Ihr Anliegen ist es, den Menschen ihr Wissen auf eine liebevolle Art näherzubringen. Sie ist davon überzeugt, dass eine spirituell ausgerichtete Denkweise das irdische Leben vollkommen mit einschließt, und unterstützt Menschen in ihren Seminaren dabei, spirituelle Entfaltung in Freude und Freiheit zu erleben.

www.chamuel-world-of-spirit.com

Bildnachweis

Erinnerung an unseren Ursprung im Universum

Chamuel Schauffert
Dein Seelenheimat-Orakel
Die zauberhafte Magie der Seelensphären,
Avatare und Seraphim-Engel
40 Karten mit Begleitbuch
ISBN 978-3-8434-9106-8

Als unser Universum entstand, befanden sich alle Energien am Ort des Geschehens. Seelen fanden sich zusammen und bildeten Energiefelder, die sogenannten Seelensphären. Jedes Wesen und jede Seele ist einer Seelensphäre oder -heimat zugeordnet und bleibt ihr bis zur Auflösung unseres Universums treu. Das »Seelenheimat-Orakel« ist mit dieser universellen Spirit-Energie verbunden. Mit ihm können irdische Themengebiete aus kosmisch-universeller Sicht betrachtet werden. Blockaden, die davon abhalten, zufrieden und erfüllt die eigene Inkarnation zu erleben, den irdischen Auftrag oder die Lebensaufgabe zu erfüllen, werden mithilfe der wunderschönen Karten Schritt für Schritt aufgelöst.

Schirner Verlag